働く女性のワードローブ
Simple Chic & Basic
おしゃれの教科書

Wardrobe of
Working Woman

Textbook of
Fashionable

高橋みどり

講談社

Midori Takahashi

目次

Lesson 2
揃えておくと便利なベーシックアイテム

Lesson 3

年代別コーディネート術

Lesson 4

一瞬で垢抜けるテクニック

プロローグ

ファッションは、「なりたい自分になる一番の近道」

今から30年以上前の1979年。私が大学4年生のころ。

たぶん、今の4年制大学の女子学生よりも、もっと必死に就職活動をしなければ、就職できない時代でした。なぜなら、この時代の多くの企業が女子学生に求めることは、男性と同じようにに何年もバリバリ働き続けるより、入社して3年ほどで寿退社してもらうことが、暗黙のルールだったからです。女性にとっても、「就職とは結婚相手を見つける場所」というイメージがありました。就職は幸せへの近道だと。

もちろん、そんなふうに思っていなかった女性はたくさんいました。しかし当時の私はそれに馴染《なじ》めず「社会に出て、バリバリ働きたい！」と考えていました。しかし、そう希望する女子学生は、就活の時点で企業に相手にされなかったのです。

しかし、なぜそんな私が、働く女性を応援するスペシャリティストア「エストネーション」や「バーニーズ ニューヨーク（日本）」を立ち上げ、その後も起業し、素敵な仲間たちに囲まれ、楽しく働いているのか……。その道のりは、「働く私」と「おしゃれ」が大きく関係していたからなのです。

おしゃれの影響力

「女性であることを生かせる、女性をターゲットとする仕事に就きたい」。学生の私には、そんな漠然とした思いだけしかありませんでした。なりたい自分になれる、それを実現できる企業に就職したい。しかし、それがどこなのかなんて、わかりません。「自分はこんなことができます！」と、アピールする材料もありません。

私にとって就活は、苦しく、混沌《こんとん》とした日々の連続でした。そんな先の見えない状況でも、いちばん楽しかったことは、他校の学生のスーツとは違う、自分なりのファッション・スタイルで会社訪問をすることでした。30年ほど前の就活生たちも、現在と同じように、紺や黒のスーツが一般的でした。そんな学生たちの中で、私はいつも大好きなベージュのスーツに、ボウブラウス。かなり浮いていたかもしれませんが、自分の好きなファッションで、面接に出かけて行きました。そんな私を見て友人たちは、「そんなスーツで大丈夫？」と心配してくれたことを思い出します。

しかし、私が希望した企業は、化粧品メーカー、ファッション・ブランド、総合商社など、女性をターゲットとする商品を扱う企業だったので、私なりにファッションで自己表現をしていたのです。後で聞いた話ですが、そんな私を、「ファッションが印象に残った」「おしゃれだったから」という理由で、最終面接まで残してくれた面接官が何人かいたそうです。

その当時から、おしゃれが人に与える影響力というものを、なんとなく肌で感じていましたが、それが、具体的に何なのか？　学生の私には、わかるはずもありません。

働くときに、おしゃれしないでいつするの？

20代。私はファッション・ブランド「メルローズ」で、当時はまだ珍しいブランドのＰＲ（広報）という仕事に就き張り切っていました。しかし、何をやっても空回り。「自分は仕事ができる」と勘違いし、かなり突っ張っていました。

「こんなにがんばって仕事をしているのに、誰も認めてくれない」

当時の私は、仕事でも迷っていたけれど、ファッションにも、人生にも、自分が見えなくて、揺れている時代でした。それでも、「バリバリ仕事がしたい」「認めてもらいたい」と、必死にもがいて過ごしていました。

そんな20代が過ぎ、30代に入ると、なんだか私に対する周りの目が変わってきました。少しずつですが、仕事を任せてもらえることが増え、自分の居場所や、必要とされている感覚を得たのです。同時に、もっとおしゃれになりたいと思うようになった時期でもあります。

そのころ、私の心の奥から聞こえてきた、こんな言葉があります。

「働くときに、おしゃれしないでいつするの?」

私は、一日24時間の半分以上を「仕事」という場で過ごしていました。多くの人に出会う毎日。「いつかステキな人と出会いたい」。誰もが思う気持ちです。同時に、「仕事のパートナーとして、信頼できると思われたい」という気持ちもあります。だからこそ、仕事をしている時間も、自分らしいおしゃれを楽しみたいと強く感じるようになったのです。

おしゃれは、夢を実現するためのツール

30代後半。さらに、「アルマーニ」や「バーニーズ ニューヨーク」で責任ある仕事を任され、ニューヨーク、イタリアを舞台に、さまざまな価値観に触れることができましたが、同時にたくさんの挫折や失敗も味わいました。しかし、そこで私を支えてくれたのは、「おしゃれ」でした。海外の第一線で活躍する女性たちと働く中で、彼女たちから学んだことは、おしゃれは働く女性にとって、夢を実現するための大切なツールだということです。いつしか私にとって、「おしゃれとは、なりたい自分をつくるもの」となり、それが「楽しさ」に変わり、やがて「自分スタイル」ができあが

り、自分の人生の方向性が見えてきたのです。

シンプル＆シックで良い循環をつくる

40代。たくさんの経験をして、私がたどり着いたおしゃれの概念は「シンプル＆シック」。いわゆるベーシックという考え方です。おもしろいことに、ファッションがシンプル＆シックになると、仕事の組み立て方や、人付き合い、生き方もシンプル＆シックに考えられるようになり、良い循環が回り始めました。周りの人たちとの信頼感を得ることもでき、同時に仕事も一緒にすることで幸せを感じてもらえることがわかってきたのです。そして、自分に自信を持てるようになり、前向きに生きられるようになっていきました。

そして、いつしか私には、「おしゃれに働くためのベーシック・ファッションが選べる、セレクトショップをつくりたい」という、夢の輪郭が浮き彫りになってきたのです。

そのワクワクする気持ちをカタチにしようと仲間を集め、「エストネーション」を立ち上げるに至りました。

おしゃれで人生が変わる

私もみなさんと同じ、働く女性だからこそ、お伝えしたいことがあります。

フルタイムで働いている方は、一日24時間のうち、3分の1が仕事の時間です。だからこそ、働いているときの「自分」を、もっと大切に思い、自分に目を向けて、おしゃれをしてほしい。すると、仕事も楽しくなり、自分の内面も変わり、周りも変わります。おしゃれは、自分の気持ちがアップするだけではなく、仕事で出会う人たちや、同僚たちもハッピーにします。それが、あなたの仕事の成功にもつながり、好循環を生み出すことを、私は今までたくさんの仕事を通して経験してきました。

なりたい自分になる。
ファッションは、その一番の近道なのですから。

私と同じように働く女性を応援したい気持ちで、この本を書きました。難しいことは書いてありませんので、安心してください。

おしゃれの基本ルールさえわかって実践できれば、自然に好循環が生まれるはずです。まずは基礎を知るだけでいいのです。一緒にがんばりましょう。

Lesson 1

ルールがわかれば 時間もお金も節約できる

キャリアアップとおしゃれの深い関係

学校を卒業して、いざ、社会人となったとき、私たち女性は、「責任のある仕事をしたい」「キャリアを磨きたい」など、「こんな風になりたい」という自分なりの将来のビジョンや夢を持っていると思います。

でも、それは、「働く」という仕事の面だけのビジョン。しかし、そんな女性たちの中にも、「働くときにどんなおしゃれをするか」ということがイメージできている人は少ないように感じます。

私がそれを最初に意識したのは、バーニーズ ニューヨークの日本進出の仕事に関わっていた30代初めのとき。ニューヨークを訪れ、現地の人と一緒に働いていると、彼女たちは、「仕事をステップアップしていく」＝「ライフスタイルもステップアップしていく」と考えていることに気づかされました。

だから彼女たちは、ライフスタイルにはもちろん、衣食住すべてが含まれていて、「おしゃれ」も働くうえでの大切なひとつと認識しているわけです。

「20代で働き始めた頃はアシスタント的な仕事だから、高価なものは着なくていいし、着られない。でも、キャリアアップしたときに、品質の良い、ブランドものや高価なものを着る」。そんな、将来への夢みたいなものを明確に描いているのです。

ですからその頃、海外の仕事の仲間から、「なぜ日本人の女の子は、お給料もまだ少ないときに、エルメスのケリーバッグやブランドもののバッグを持っているの？」「なんだか不思議な国だね」と、言われたことがよくありました。

「仕事で成功していないのに、誰もがわかるような高価なブランドものを持って働いていることは恥ずかしい」というのが常識だったのです。

とはいっても、いいものは欲しい。それならば、早くそうなれるように、仕事を一生懸命がんばる。そうすれば、ポジションも上がるし、お給料も増える。そうしてやっと、憧れのブランドの逸品を手に入れることができる――。

理想の生活ができるように、若い頃は自分の「中身」へ自己投資をすべきだという考えなのです。それまでの私は、「ファッション業界だから、いつもおしゃれでいなくては」と外見のことばかりを考えていましたが、それよりも、自分の身の丈に合ったファッションこそが大切なのだと、このときは本当に目からウロコが落ちました。

仕事の夢や自己実現のためのおしゃれ、自分のプレゼンテーションとしてのおしゃれというように、仕事とおしゃれというのは、実は全部繋がっている。働くこととファッションは決して切り離して考えてはいけないということが、当時30代の私の心に強く響いたのでした。

確かにニューヨークの仕事で出会った人たちは、ポジションが上に行けば行くほど、上質でラグジュアリーなものを着ています。でもそれは、ただの見せ掛けじゃなくて内面も備わっていて、仕事もできる。だから、周りの人たちもリスペクトして、誰もとがめないし、憧れ、夢の実現として、一目置いているのかもしれません。

ですから日本の働く女性たちも、「本当に、夢に向かってやっていることと、今私が着ている服で合っているのかな、どこか間違っていないかな」と、自分の仕事とファッション、ライフスタイルがすべて繋がっているか見直してほしいのです。

これは逆に言うと、ちょっと違った方向に行っていたとしたら、ファッションを変えるだけで、すぐに修正することもできるということです。

ファッションというのは、「なりたい自分になれる一番の近道」。

たとえば、気楽に働きたいなら、ショートパンツで会社に行けばそういう自分になれるし、シックに見せたいなら、凛とした スーツを着ればすぐにそうなれる。

ファッションは、なりたい自分にすぐになれてしまうから、そういう意味でいい部分もあれば、こわい部分もあるのです。

でもそこを見極めて、人生と見合ったおしゃれを楽しんで、働くことをもっと楽しめたら、必ずいい相乗効果が生まれるはず。私はそう思っています。

「今の自分らしいもの」を選ぶ

いろいろなことに迷っていた20代の頃。ファッションも、今思えば自分らしくなく、年上に見えるようなコーディネートばかりしていました。

年相応のカジュアルなスタイルだと、子どもっぽく見えて、外部の人から甘く見られてしまう。だから、ビシッとしたスーツにパンプス、という大人っぽいスタイルで完全武装。

その理由を今になって考えると、やはり、仕事に自信がなかったからだと思います。仕事の内容、方向性についていろいろ迷っていたから、そのときの自分に合っていない無理のあるコーディネートをしているということに気づいていませんでした。

しまいには、かっちりしたスーツばかり着ていたかと思えば、思い切りラフな格好をしていたり……。気持ちがあっちこっちに揺れていて、本当の自分が見えない、わからない、という状態でした。

そして、30代になったとき、主任という役職に就くことになりました。私に対する会社の中の見方も変わり、自分の発言の重さや社外の人への接し方など、大きな変化が出てきたのです。

そうなると、着る服も変わってきました。年上に見せるためだけにスーツを着るのではなく、仕事の内容、相手、シーンのためのコーディネートをするようになったのです。

何よりも、相手のことやシーンなど、TPOにマッチしたファッション。それは同時に、その時々で働きやすく自分らしいスタイルになり、仕事をする上でも少し余裕が出て、気分が楽になりました。

つまり、こういう場だからこのぐらいの服、今日はこんな人にお目にかかるからこの服、といった具合に、ただ一方的に「自分をこう見せたい！」ではなく、きちんとTPOを踏まえたファッションでいれば、自分も居心地がいいということ。

無我夢中で働いている20代では気が付かないかもしれないけれど、年を重ねるうちに、いろいろ見えてくることもある。だから、迷うときは、迷っていい。若い頃に「私はこうです」なんて言い切ることは誰にもできないのですから。

いろいろなことを見たり、経験したり、失敗したり、いろいろな人に話を聞いたり。

そういうことの繰り返しがあってこそ、人もおしゃれも磨かれていくのです。

30代に入った頃の私は、まだまだ自分のやってきた仕事に対する自信もなかったし、失敗したり、叩かれることも多々あったりしました。正直言って、へこたれてしまったこともいっぱいありました。でも、そんな中で、自分のいい部分と悪い部分というのが見えてくる時期でもありました。

しかし、30代の半ばになると、またまた背伸びをして、バーニーズ ニューヨークで仕事をしているのだからと、高価で誰が見てもわかるようなブランドの服を着てみたり。ところが40代になると、もちろんブランド物も素敵だけど、「自分」が見えてきたからでしょうか、それとも仕事である程度の結果、成果が出せるようになったからなのか、自分に寄り添う、「自分らしい」ものを選ぶようになりました。

ファッションを考えるときにブランドの力というものはもちろんあると思うし、今も好きですが、そういうブランドやこれ見よがしなスタイルに頼るのは、40代になった頃からかなり減りました。

確固たる自分が見つかったから、「自分らしい」ことが最優先事項になったのです。

そして、その頃から私の服選びの基本は、「素材のいいもの」「上質で丁寧につくられたもの」「デザインがシンプルなもの」の3つに絞られたのでした。

私がこの基準で選ぶようになったのは、年を重ねるごとにいろいろなことが削ぎ落《そ》とされて、自分自身の揺るがない心＝スタイルのようなものができたからかもしれません。

ファッションとの付き合い方は、年代で変化するものだし、それはもう、ライフスタイル、生き方にまで関わってくる。ファッションとは、人生と切り離せないものですし、人生の一部なのです。

毎朝、服選びに悩まない秘訣

毎朝、「何を着ていけばいいの？」と服選びに頭を悩ますという人が多いようです。

休日の服なら、好きなものや流行のものを着ればいいけれど、働くときは、そうはいきません。

会社や職種によって、どこまで許されるかの違いがあるとは思いますが、やはり仕事をするときは、きちんとした印象を与えるコーディネートが、いつの時代でも基本です。

毎日、服を選ぶときに迷わないためには、前日の夜でもその日の朝でもいいので、何をする一日であるかを考えることです。

たとえば、会議で重要なプレゼンテーションがある、取引先の偉い方と会う、または、一日中オフィスで事務処理をする。まずはそういった自分の仕事の内容を頭に思い浮かべるのです。

そして次に、それは「どこで」「誰と」「何時に」会うのかを考える。さらに「自分はどういった役割をするのか」といったことまでイメージする。それを毎日でも週初めでもいいから、考えるようにすればいいのです。

そのときはジャケットであるべきなのか、ワンピースでいいのか、男の人ばかりだから、ちょっと明るい色を着ていくと場がなごやかになるのか、初めて会う相手だから礼儀正しいスタイルにするべきなのか。そういうシーン設定をしっかりイメージすることで、それに合うコーディネートが明確に見えてくるはずです。

朝、その日の予定を何も考えずに、ただ漠然と「何を着よう」と思うから、何を着ればいいのかわからず、いつもお決まりの組み合わせになってしまうのです。

トレンドやブランドありきのファッション業界の人たちは、今っぽい流行のアイテムや新作をいち早く着る、といったことも使命ではあるかもしれませんが、ごく普通の会社員の人はそうはいきません。やはり、「どこで」「誰と」「何時に」といったシーンの見極めがないと、独りよがりな服装になり、仕事も成功しませんし、楽しくなりません。

そして、その日、そのときに合った装いと態度で「相手に自分をどうプレゼンテーションするか」が大事。なぜならそれは、「ビジネスの成功」に繋がっているからです。

いくらカジュアル全盛の時代とはいえ、働くときのファッションに、好き勝手は許されない。思っている以上に、周りの人はシビアに見ているということを肝に銘じたいものです。

ワードローブ・ブックをつくる

毎日の服選びをスムーズに行うためには、まずは自分がどんな服を持っているかを把握しておくべきです。一度、自分のクローゼットを見て、よく着るもの、あまり出番のないもの、まったく着ないもの、などをチェックしてください。

タンスの肥やしとなっている着ない服は、潔く処分してしまう。そうすると、ぐっとスリムなクローゼットになるはずです。

そして、箇条書きでも何でもいいので、働くシーンで活躍しそうなシャツ、スーツ、スカート、パンツ、バッグ、シューズなど、どんなものがあるかをリストアップして、自分のワードローブ・ブックをつくるのです。

そして、毎日着ていく服をイメージするとき、それを見て、「今日はこれだな」とチェックする。すると、違う日に、またその服を選んだとしても、「この間と一緒になるから、今日はアクセサリーでアレンジしよう」とか、同じアイテムでも、違った表情に着こなす工夫をしてみようと何通りかのコーディネートを考えることができるようになるのです。

案外、頭の中で考えているだけでは、いつも同じものに偏ってしまいがちなものです。リストを見ながらだと、「あ、こんなものもあった」と気づくこともできます。

ショッピングに行く前などにも、ワードローブ・ブックを確認しておけば、どんなものが必要なのかもわかりやすい。「今シーズンは、スカートが足りない」とか、「このジャケットに合わせるインナーが欲しい」と、必要なものが見えてくる。

ファッションだから感覚的に、と決め付けないで、もっとシステマティックに考えれば、頭が整理されて、おしゃれの足し算、引き算が上手になるはずです。

オフの服はいいけれど、せめて働くときの服だけでも、自分のワードローブ・ブックをつくっておくことをおすすめします。

オン・オフ「共有できる」と考えない

最近は、ファッション全般がカジュアル化していて、会社によってはデニムでもOKというところも増えているといいます。

でも、デニムはやっぱりデニム＝作業着。たとえば上司のお供をして取引先の会社のプレゼンテーションや会議に出られるかといったら、それはNO。やはり上司は、デニムを穿《は》いた部下は連れて行きたくないと思います。デニムでお目にかかるということは、相手方の会社に対しても失礼ですし、それは仕事面でもルーズで気楽な感じに見られてしまい、マイナスになってしまうと感じるからです。

いくら時代が変わったといっても、私は、やはりオンとオフのおしゃれは、働く女性にとって、区別して考えるべきものだと思います。

ただ、一日オフィスでの作業で、オフとの中間のようなときもある。そんな日は、デニムにジャケットを合わせるなどで、きちんと感を残したスタイルで出勤することも可能かもしれません。でも私の経験上、オンとオフをきちっと分けたほうが、何よりも服の組み合わせが決めやすくて効率がいいと思います。

服を買うときも、オンで着る服、オフで着る服、とはっきり区別して考えると、迷いません。「これはオンにもオフにも着られそう」と思って買ったものに限って、中途半端で意外と使えない服になりがち。

一石二鳥を狙うよりも、オンはオンの服、オフはオフの服と割り切ったほうが、働くシーンでは迷いのないおしゃれができるはずです。

年代に適した洋服を選ぶ

駆け出しの20代の頃は、アシスタント的な立場だから、高価なスーツを着る必要はないし、着るべきではありません。でも、40代になって、マネージャーなど、仕事のポジションが確立されてきたら、安っぽいスーツでは恥ずかしいと思います。

やはり、その「働き」に見合った、さらに年齢による体型の変化にも見合うスーツを着るべきなのです。

自分に見合うおしゃれをしていれば、周りの人へのイメージのアップだけでなく、自分のやる気アップも図れます。

では年代別に、具体的にどのくらいの価格とブランドを選ぶべきなのか。

●20代の選び方

まず20代は、リーズナブルな国産ブランド、またザラなどファストファッション系、セレクトショップの若い世代向けのオリジナルブランドなどでいいと思います。低価格なので、お給料にも見合っていますし、スーツ、ジャケットなら、3万円前後のものを選べばいいでしょう。

20代は、肌もハリがあり、体型もくずれていません。ですからうんと素材やカッティングが良いものを着る必要がないのです。それに、それらのターゲットは若い世代なので、パターンも体にぴったり合うはず。

仕事でのポジションはまだ低いので、高価なブランドの服を着るのは、かえって身分不相応。

●30代の選び方

しかし、30代になると、それは変わってきます。肌のくすみや体型の変化などの問題もありますが、何よりも、仕事の範囲が変わってくるはずです。それに、部下を連れて行く上司の立場となるシーンも増してくるわけです。そのぐらいのポジションのときには、ユナイテッドアローズ、ビームス、トゥモローランドなどの、セレクトショップを上手に味方にしてはどうでしょうか。スーツ、ジャケットなら5万～7万円ぐらい。シャツなら2万～3万円以内で手に入ります。

●40代の選び方

40代は、女性でもマネージャーになっていたり、会社の顔として発言したり商談を任されるなど、責任のある仕事になってきます。

ポジションが上がれば、やはり上質のものを着るべきです。スーツ、ジャケットなどの価格は、8万～10万円ぐらいは出してほしいものです。

肌も体型も変わってくる40代以上の方は、程よいゆとりのあるシルエットで、動きやすいものを選ぶことを忘れないようにしたいもの。

そして少しずつ、年齢に合った素材と値段、さらに、信頼できる店や作り手をもっと厳選していくべきです。

ブランドでは、エストネーションで扱っているユマ エストや、ストラスブルゴで扱っているセミオーダースーツがおすすめ。着心地がよくて、スタイルがよく見えて、改まった席にも合い、女性らしさを失わない。そんなコンセプトでつくられているので、本当に秀逸です。

シャツなら、イタリアのバグッタ、ブレビ ノアール、日本人デザイナーのオブジェスタンダールなども、いい仕立てと2万円台のほどよいプライスでいち押しのブランドです。また、バルバやフライなどのシャツブランドも値段だけのことはあって、どれも上質な仕立てです。

ジャケットは、イタリアのキートンやブリオーニ、ラルフローレンなどは、10万円以上しますが、それだけの価値はあります。素材がいいので、発色もよく、襟の形からシルエットまで、こだわり抜いて仕上げているので、着たときにとてもきれいです。

安物より仕立てが良いほうが最終的には優秀

実際のところ、30代以上の女性でも流行のファストファッション系の服を着ている人は多いようです。それがオフならいいけれど、やはりオンでは、だらしがなく見えてしまうと思います。

日本は礼節を重んじる国ですし、働くときのおしゃれは、「礼儀正しい」「清潔感」といったものが感じられないと、信用できない人という印象を与えてしまいます。

とはいっても、会社員である私たちは、高価なものが買えないという現実もあるかと思います。でも、果たしてそうでしょうか。「10万円のスーツは高くて買えない」と言いながらも、ファストファッション系の店をしょっちゅう訪れて何度か買っていれば、知らぬ間に10万円費やしていた、なんてこともあります。

安い服を3着買うことを考えれば、1着10万円のものを買い大切に着ることのほうが賢明な気がします。

それは、「良い仕立てのもの」は、どれをとっても優秀だからです。良いものは、着心地も快適ですし、シワにもなりにくい。一日着た後も、ハンガーに吊るしておけば、素材がいいので次の日にはまたピンと再生してくれるわけです。

私は、30代後半から40代にかけて、出張のときにアルマーニのスーツをよく活用していました。それは、アルマーニが好きだとか、アルマーニで働いていたから、というだけではないのです。

着ていた理由というのは、出張に持って行ってもまったくシワにならないから。荷造りでスーツケースにパパッと詰め込み、出張先に着いて、ホテルのクローゼットに掛けておくと、もう翌日には普通に着られる。アイロンの必要もありません。

でも、安いものは、スカートやパンツだと、座っただけでシワがついたり、ジャケットでも肩のあたりにシワができたりしてしまいます。素材がよくないので、数回着ただけで、すぐクタッとした感じになります。

毎日何時間も仕事して、疲れきっている働く女性が、家に帰ってからアイロンがけするかといえば、それはなかなかできない。だったら「良いもの」を買って、吊るしておくだけ、を選ぶべきです。

安いものは、衝動買いが多く、本当に気に入って買ったわけではないから、なかなか満足することもなく、さらに新しいものを買い足すことになりがち。これが案外無駄遣いになっている場合も多いのです。

結局のところ、動きやすくて、翌日もシャキッと着られる「良い仕立てのもの」のほうが、忙しく働いている女性には、ずっと楽で使えるし、ひいては時間の節約にもなると思います。でも、全身すべてのアイテムが何十万円もする「いいもの」にする必要はありません。男性のビジネススタイルについて、『週刊ダイヤモンド』にコラムを書いていたときに、「15万円のスーツなら、シャツは、その10〜20パーセントの価格のものを目安にしましょう」と指南していました。それは、女性の場合も同様で、シャツも10〜20パーセント以内のプライスのものを買えばいいと思います。

そのぐらいの価格のバランスにしておけば、全体をコーディネートしたときに、クオリティの調和も取れて、ちぐはぐな印象になりません。

最近は、ファッションでも「ブランドミックス」といって、ブランドも価格もミックスさせることを推奨していますが、それはオフのファッションでやるべき。

ある程度のブランド、価格の統一感というのは、働くときのおしゃれでは、不可欠だと思います。

ムダな買い物を防ぐ秘訣

講演、セミナー、サロンという名でコーディネートアドバイスなどの仕事をしているときによく、「ショッピングの秘訣を教えてください」とたずねられることがあります。答えはずばり、「試着マニアになってください」。

「試着マニア」って何？　と思われるかもしれませんが、とにかく試着をたくさんして、自分スタイルを見極める訓練をしてほしいということ。

試着というと、サイズが合っているか確認するためにしかしないという人もいるようですが、そうではないのです。

いろいろなお店で、ちょっと気になった服を試着していくなかで、自分に合ったデザイン、色、シルエットなどが、少しずつわかってくるのです。

服は立体的につくられているものだから、ショップのラックにハンガーで掛かっている状態ではわからない。実際に自分の体を入れてみて、「あ、こんな感じなのか」と着てみてやっとその服がどんなデザインやサイズ感であったかわかる、ということもあります。

よく、「高級ブティックなど敷居が高い店だと、入るのも躊躇《ちゅうちょ》するし、試着をするなんて緊張してしまう」という声を聞きます。でも、そんな入りにくいショップほど、また勇気を出して、トライしてほしい。

「試着をしたら買わなくてはいけなくなるから嫌」「断れない」という人もいますが、じゃあ何のための「試着」なのか、ということです。誰もが買うかどうか、試して着てみることができるから安心して買える。それが試着の最大の目的なのです。

極端なことを言えば、断るために試着する、ということでもあるのだから、怖がらずに、どんどん試着するべき。

「でも、断るときに何と言えばいいの?」という声もよく聞きます。これも難しく考えることはありません。「もう少し考えてみます」「まだ今日はあまり見ていないので、他を見てからもう一度戻ってきます」などと、やんわり、ニッコリ断ればいいのです。

そう言えば、ショップスタッフも、「わかりました」と言って、執拗に売り込もうとしてくるなんてことは皆無でしょう。つまり、「断れない」なんてことはないのです。

試着も、回数を重ねるごとに慣れ、平気になってくるはず。セルフファッションショーを演じるぐらいの気持ちで気楽に店を訪れて、試着マニアになっていってください。

ショッピングのときの注意

まず、気をつけたいのは、買い物に行く時間帯です。会社帰りにふらりと立ち寄ることもあるかもしれませんが、シーズン初めなどで「新しい服を買おう」と決めているときは、必ず自然光のある昼間に行くようにしましょう。

特に路面店などのブティックは、独自のインテリアにしていて、照明もお店ごとに凝っていることが多いもの。その店内の照明と自然光とでは、服の色みが微妙に違って見える場合があるのです。ですから日の光のある昼間に行って、できたら窓際などで自然光の中で色を確かめて見るようにしましょう。

ただ、靴を買うときだけは例外です。ご存知のように、働いている私たちの靴は夕方に買うということは、もはや常識。夕方になると足はむくんでしまうから、午前中に買った靴は、夜になると窮屈になってしまうわけです。これでは足が痛くなって、頭痛までしてしまうこともあるので、要注意です。

パンツを買うときにも、気をつけてほしいことがひとつあります。それは、普段仕事のときに履いている靴に合わせて、パンツ丈を調節すること。

ショッピングは、たいていプライベートな休日に行くことが多いもの。そういうときは、好きな服や楽な服を着ていることが多いので、フラットシューズだったり、逆にハイヒールだったり、働くときには履かない靴が多いと思います。

それらの靴で合わせるのはもちろんNG。また、自分が履いてきた靴の代わりということで、よくショップの試着室に用意してあるパンプスを借りて、パンツ丈を調節してしまうなんてことはないですか？

この借り物の靴がクセもので、それで安易に合わせてしまうと、自分の履いている靴を履いたときに、バランスが違ってしまうのです。

ですから、「今日はパンツを買おう」と決めてショッピングに出かけるときは、普段働くときによく履く靴を持参してください。

このことを講演会などでお話しすると、皆さん「えーっ！」と敬遠されてしまうのですが、実際、店員さんに「いつも何センチぐらいの靴ですか？」と聞かれて「5センチぐらいです」と答えていても、結構うろ覚えで、「本当は7センチだった」なんてことが多いもの。

少々面倒と思ってしまうかもしれませんが、失敗の多いパンツだからこそ美しく履くためには、そのぐらいしたほうが間違いはないはずです。

迷うときは買わない

「よし、これ買おう」と即決することもあるけれど、なぜか、買うか買わないかすごく迷ってしまうときはどうするか？　ずばり、買わないほうがいいでしょう。なぜなら、どこか自分の中でピンとくるものがないから。

その服を着て「こうやって組み合わせよう」「こういう仕事のときに使おう」といったイメージができないということなのです。

きっとそのときは、ただ、「素敵だな」「今年っぽい」などと、流行に踊らされていいたりするわけです。そういうものは、オフの服ならいいけれど、働くときは役立ちません。働く時に着ることを考えると、それを生かすシーン設定がちゃんとできなければ買う意味がないのです。

ショッピングは楽しいから、思わず「ひと目惚れ」してしまうことは女性なら仕方のないことですが、ここはひとつ、「もうちょっと見てからにします」と言って、店を後にしてください。そうしてしばらく経ってもまだ欲しいと感じるなら、その一枚は今のあなたにとって買う価値はあるかもしれません。

買い物は3月中旬、9月中旬がベスト

そもそも、買い物に行く時期や頻度というのは、どうすれば、失敗しないのか。それには、やはり目的を持った賢いショッピング法が必要です。

イメージング・ディレクターとしてパーソナルなスタイリングのお手伝いをしているとき、クライアントの方々によく言っているのは、「春夏、秋冬の半期ごとに、自分の働くときのスタイルをイメージしましょう」と。

まず、「今シーズンはこんな仕事がある」とか、「これからは、こんな風に仕事をしていきたい」といった、そのシーズンの自分の働き方をイメージするのです。そうすると、「こんなジャケットやスーツがいるかな」など、必要なものが見えてくる。

それと同時に、自分にとっての定番的なアイテムを見定めて、それで足りているのかいないのか。また、そこに、新しいイメージをつくるためのアイテムをどの程度加えていく必要があるのか。そんなことをプランニングしていくのです。

こういうことは、意外と男の人のほうが合理的なので、このようにアドバイスするとすぐに理解してくれます。女性はついつい感覚で服を選んでしまうことがありますが、働く服には、合理性も必要です。

この計画を、春夏は3月初旬、秋冬は8月末までにしておくといいでしょう。そして買い物に行くのは、新作が最も充実している3月中旬、9月中旬がベスト。

アパレルの新作というのは、たいていトレンド性の高いものが2月や8月などの早い時期に入荷され、働くときにちょうどいいような定番的なデザインの入荷は、少し遅れるものなのです。

この時期は、色、バリエーション、サイズも揃っている頃なので、選択の幅も広く、納得のいくものが見つかるはずです。

こういった、シーズン初めにイメージをきちんと決めるショッピング法をすると、「また似たようなものを買ってしまった」とか、「買ったはいいが、合うものがない」なんて失敗もなくなります。

そして、「今シーズンはこんな風に働くから、どんなコーディネートをしようか」と考えるのは、大変だし、めんどうなことだと思わずに、自分をセルフプレゼンテーションする楽しい戦略作戦と思うと、やりがいも湧《わ》いてきませんか？

たまには、計画外のアイテムで遊んでみるのもいいでしょう。「これを買ったおかげで、今シーズンも元気に働ける」と、自分にとって自己投資となり、夢を与えてくれる逸品も私たち女性には必要ですので。

相性の良いショップの販売員を見つける

ショッピングに行くときに、友達と一緒に行く、という人が多いようですが、それではショッピング上手になれません。

もし、気に入った服が見つかって、一緒に来た友達に「これ、どう思う?」と聞いたとします。友達はよっぽどファッションのプロではない限り、相手の気分を害さないように、「いいんじゃない」とか「似合ってるよ」と答えるのが関の山。あなたのこれからの働き方や理想のスタイルのことなどは、知るはずもありません。

さらに、友達は友達で自分の買う服を探しているわけだから、自分のことに必死で、真剣に考えてくれているかといえば、疑問です。

多くの場合、パートナーなどの男性は、「面倒くさい」だったり、「早く帰りたい」と内心思っているから、適当に「いいんじゃない」とか「わからないよ」と無責任なコメントが多くなりがち。

だからショッピングは、独りで行くのが一番だと思っています。

そこで、ぜひとも実践していただきたいのが、ショップの販売員と仲良くなること。販売員たちは皆、プロですから、必ず的確なアドバイスをしてくれるはず。

たとえば、試着をしてみて、思っていたのと違っていたとします。「他にこんな感じのものはありますか」と聞くと、プロである販売員はショップの商品を熟知しているので、広い店内からぴったりのものを持ってきてくれるはずです。

また最初に、「今日はこんなものを探していますが、ありますか？」と質問してみるのもいいでしょう。どういう風に着たいとか、こんな体型の悩みがあるとか、今こんな仕事をしているとか、いろいろ聞いてもらうのです。

こうやって、その販売員の人と顔見知りになっていくと、自分の好みを理解してくれて、よりスムーズに商品の提案をしてくれるようになります。これは忙しい私たち働く女性には、ショッピングのロスもなくなり、実に効率的です。

自意識過剰になって変にショップの人に対して距離をおかず、「自分の味方を増やす」と捉えればいいのです。そう、簡単に言えば、ショップの販売員は自分の専属スタイリストと思ってしまえばいいのです。

そして、担当をしてもらう販売員の人を選ぶうえで大事なのは、相性。接客態度の感じがいいということももちろんですが、自分のセンスと近いファッションの人を選ぶことが大事です。自分はすごくベーシックなスタイルが好きなのに、モードっぽい人に接客されても、その意見はピンとこないはず。また、販売員の方の年齢や体型も、だいたい同じぐらいの人のほうが、感覚が近いかもしれません。

自分はお客さんで、お金を払うわけですから、販売員を選ぶ権利もあると思います。ですから、その辺の見極めというのも忘れないように。

おしゃれに見える人と見えない人の違い

ニューヨークの仕事仲間は、本当におしゃれに自分のスタイルを表現しながら働くことが上手な人たちばかり。その訳はと考えてみると、私が出張で行っていたときにも、彼らは職場でビジネスの話と同等に、おしゃれの話をして楽しんでいました。「今日素敵な格好だね」「あなたらしいね、それ」「あの上司の服高そうね、どこのブランドだろう」などと、男女問わず、周りの人のおしゃれを褒めたり、批評したり、値踏みしたり……。

彼らは、「人は外見で判断される」ということを実感しているから、そういう話を当たり前のようにしているんです。

それにひきかえ日本の会社はというと、仕事の仲間や上司とはファッションの話はほとんどしません。仕事の話や社内や業界の噂話ばかり。せいぜいおいしいレストランの話ぐらいでしょうか。なぜか、仕事に繋がるおしゃれの話は聞いたことがありません。

もしかして、じつはお互いのおしゃれがとても気になっているのに、口に出すことに抵抗があるのかもしれないですね。でも、仕事の場をプレゼンテーションの実践場と考えるならば、もっとお互いのファッションに対して語り合うべきだと思うんです。

素敵だと思った先輩がいたら、「それってどこで買えるんですか」とか、踏み込んで聞いてみたりしてもいいのではないでしょうか。

また、上司と一緒に大事な商談などで出かける予定があったら、「部長は当日はどんなコーディネートをされますか？　私はこんな雰囲気でいいですか？」と、わからないことは積極的に聞いてみる。

そうすることによって、働くときのおしゃれのヒントみたいなものを毎日、毎回学べるのです。それを積み重ねれば、自然とおしゃれに見える人になっていくはず。

おしゃれに見える人というのは、「自分をよく知っている人」。自分をわきまえたスタイリングをしている人は、人として素敵に見えるし、それがその人らしくて「おしゃれ」に見えるのです。

おそらく、皆さん心のどこかで感じているはずです。「おしゃれじゃない人より、おしゃれな人のほうが、仕事ができそうだし、一緒に仕事をしたい」と。

だから、常に人に見られている意識を持つことも大事。人とおしゃれについて話し合ったり、鏡を見て研究したり……。

おしゃれも、勉強と同じように、頭を使うことなくして上達はありえません。雑誌や映画を見たり、お店をチェックしたりして、感性を磨く勉強だって必要。そういう努力の積み重ねで、次第に頭の中で数式のようにコーディネートがパパッと計算できるようになって、身についていく。おしゃれに見える人とおしゃれに見えない人との違いは、積極的な日々の努力にあるのです。

素早く身支度できるクローゼットとは？

手持ちの服を収納するクローゼットは、アイテム別に分けるのがおすすめです。ポールごとに、ジャケット、スーツ、シャツ、コートとハンガーに掛けて、ひと目で見られるように。そしてニットやカットソーなどは畳んで、タートル、Vネック、カーディガンと、デザインごとに分けておくと、さらにわかりやすい。

そうすることで、何を自分は持っているのか一目瞭然になり、シャツ＋スカート＋ジャケットといった毎日のコーディネートが、スムーズに組み合わせられるようになります。

クローゼットをきれいに整理できていなかったら、朝、素早く身支度をすることは無理。服が整然と並んでいないと、何をどう着るべきか、迷ってしまいますし、時間がかかってしまいます。

また、乱雑にしていると、よく、引き出しの奥にしまい込んで、その服の存在を忘れてしまって、全く着なくなってしまうなんてこともあります。おそらく、その服はもう無駄なもの。つまりは失敗した服ということなのです。

そういう無駄を減らすためにも、何年かおきにすべての服を見直すようにすると、クローゼットの使い勝手がぐっとアップします。1年では働くときの定番服はあまり変わらないので、2〜3年ぐらいの周期で。

そのぐらいの周期だと、流行や好みのスタイルが変わっていたり、自分の働き方やポジションも変化していたりするので、「これはもういらない」というものが必ず出てくるはずです。

また、「引っ越しが最高の見直し」と言う人もいます。確かに思い切って処分することができるので、絶好の機会かもしれません。

いらない服は、リサイクルショップに出したり、親戚や知人に譲ったりしながら、整理すると、頭の中も心も片付いて、また、楽しく前向きに働けるようになるのではないでしょうか。

高いものは自分を幸せにすると考える

よく、「高いものは、長持ちしますか？」と聞かれます。確かに、高いものは上質で、長く使えて、費用対効果があるかもしれません。

でも、「高いものは得をする」という考えで買っていては、本当の「おしゃれな人」にはなれません。そうではなくて、「高いものは自分を幸せにする」と考えてほしいのです。

上質で丁寧につくられたものは、手を通したときに、寒いときは暖かいし、暑いときには涼しく、心地よさは値段以上の納得度です。

でも何よりも、自分がそれを纏《まと》ったとき、すごく幸せを感じることが多いのです。だから、「長く使える」ということは、＝「大事にしている」ということで、「お得」という単純な感覚ではありません。

高いものを買ったから長く使って元を取ろうというのではなく、「幸せに働く」ためのお守り。そう考えるほうが、ずっと素敵です。

ベーシック＆シンプルを基本に選ぶ

私はよく人に、「ベーシックでシンプルなスタイルが好きね」と言われます。たぶん、日本人の考えている「ベーシック」というのは、トラッドベースでメンズライクなデザインのもの。

でも、私のベーシックの定義は、「シンプルで着心地がいいもの」。そして何よりも私が私らしく働けるスタイルであること。人によっては少し、「コンサバ」であると感じるかもしれません。

よく、コンサバというと、保守的でおしゃれじゃないと悪い意味で捉えている人が多いけれど、コンサバは、私にとっては「毎日気持ちよく働ける基本のスタイル」で、決して時代遅れではないのです。そこがわかっていないと、モードもアバンギャルドも着こなすことができないと思っています。

長い間、この仕事をしてきて、コンサバ（シンプル）なものを自分らしく装っている人が実はすごく素敵な人、と感じたことがいかに多かったことか。私にとってベーシックというのはまさにそれで、シンプルなものをその人らしく装うことが、おしゃれの真髄だと思っています。

日本人は洋服の歴史が浅いせいか、残念ながらベーシックでシンプルな着こなしが苦手。簡単なようなのに、これをきちんとできている人が少ないように思います。

アイテムは、極めてシンプルなシャツ、ジャケット、スーツ、パンツ、スカート、ニット。こういったものを、その人らしくスタイリングすることこそが、まさしく私の目指す、シンプルでベーシックなスタイル。

それは別に、地味で堅苦しいデザインを選ぶということではないのです。デザイン性、トレンド性、モード性の高いものは、やはり働く場では不向き。

それに、自分のパーソナリティが確立されていないと、人は、服に負けてしまいます。服よりも、その人らしさを表現するスタイルでないと、結局のところ、「おしゃれな人」に見えません。

自分らしさを叶えてくれる、真のベーシックスタイルを見つけてください。

働くときに「かわいい」はいらない

世界の中でも、日本人の「かわいい」好きは知られていますが、本当に日本の女性は、甘口の格好が大好きなようです。

でもはっきり言いたい。働くときに「かわいい」は必要ない。いや、むしろ、「かわいい」はないほうがいい。

働いているときに「かわいいね」と言われることは、はっきり言って褒め言葉ではないと私は感じています。働いているときの最上の褒め言葉は、「仕事ができるね」ではないですか？

もちろんパートナーの男性の前などでは、それは褒め言葉として嬉しく受け止めればいいけれど、仕事のときは別。私はそんな言葉はかけられたくありません。

かくいう私も、20代の頃はかわいい格好をした経験も。今思い返すと、とても恥ずかしいです。

「かわいい」と言われることが褒め言葉だと思い、「かわいい」にしがみつき、振り回されていたあの時代。周りの人の目、言葉に一喜一憂して、私らしさを見つけられず、仕事にも自信がなかったあの頃。

みなさんも仕事の場で「かわいい」と言われたいか？　いま一度考えてみてはいかがですか？

ジャケットは必要

常々思っているのが、「働く女性は、もっとジャケットを着るべき」。

80～90年代は、肩パッドの入ったジャケットなども流行していましたが、近年はファッションのトレンドがカジュアル化し、端然としたスーツやジャケットを着る人もめっきり減りました。

スーツを着込んでいる人といえば、就職活動の学生ぐらい。それも、体に合っていないシルエットに、同じような黒かネイビーの無個性で地味なデザイン。

確かに、ファッション界ではかっちりしたジャケットやスーツは何年も主流ではないかもしれないけれど、働くときのおしゃれって、流行り廃《すた》りは関係ない。仕事の場は、最新のファッションをアピールする場ではないのです。

「ジャケットが流行っていないから着なくなった」というのは、働く女性にとっては、とてももったいないこと。

海外の企業で働く女性などは、どんなときでも端正なジャケットを纏っています。彼女たちはキャリアアップしていくためには、知的な印象や信頼感を与えるジャケットが絶対に必要だということを熟知しているのです。

それに、ジャケットは、袖を通すだけで、背筋がピンと伸びるような気がして、仕事をしている自分に確かな「自信」も与えてくれます。

よく、「ジャケットを着て行くと、張り切りすぎているように見えてしまう」と気にする人もいますが、それは、装い方に問題があるのだと思います。堅くならないように、アレンジを加えた着こなしテクニックをマスターすれば問題ありません。シャツの色は白だけにこだわらず、ブルーなどの明るい色に変えたり、袖をまくったり、アクセサリーをうまく活用したり……。

海外で出会った働く女性たちは、そういったジャケットのおしゃれなアレンジが本当に上手。体によく馴染んだ着こなし方をしていて、脱帽。ぜひともお手本にしたいものです。

仕事バッグは機能性より「らしさ」

働く女性の間では、ここ何年かの傾向として、「A4サイズが入るバッグ」の支持がずっと続いています。ちょうど書類が入るぐらい大ぶりのバッグは、エディターズバッグといって雑誌で取り上げられ、ショップでも大人気。

これも一つの傾向として間違っているとは思いませんが、やはり女性が持つ仕事バッグは、男性が持つ仕事バッグとは違って、おしゃれの要素を入れるべきだと思うのです。

もちろん仕事のときに必要なものが収納できる機能性も肝心ですけど、自分の身長や体に合った大きさ、働き方や年齢に合ったデザインなど、自分を表現するおしゃれアイテムのひとつとして考えるのはどうでしょう。

バッグというものは、実はファッションの中で最も大事なアイテムと言っても過言ではないから、もっと夢や「らしさ」を持って選んでほしいのです。

バッグが「つまらない」とその日のコーディネート自体がつまらないものになってしまう……。機能も大事ですが、楽しみながら、またときにはバッグが主役になるようなコーディネートを考えて、「自分らしい」一品を選んでください。

セカンドバッグはおしゃれじゃない

メインのバッグに加えて、書類サイズのセカンドバッグや、布のエコバッグみたいなものを一緒に持ち歩いている人をよく見かけます。

これは、働くときのスタイルとしてトータルで見たとき、野暮に見えて、どうしてもおしゃれには見えないと思います。

私は学生時代から、書類などを持って行くときは、ブリーフケースのように紙袋に入れて持つのが好きでした。小脇に軽く抱えていると、溌剌《はつらつ》とした感じに見えて、働くスタイルとして格好よく決まる気がするのです。

また、本当に書類や持ち物が多いときは、トートバッグを持つほうがスポーティでスマートに見えるし、気に入っています。

やはり、女性が働くときは、軽やかに働いているように見せたいと思いませんか？仕事の現場ではものすごく一生懸命だったり、精神的に疲れきっていたりすることも多いけれど、それを表には出したくない。

いくつも重そうなバッグを持っていたら、余裕がなくて、要領が悪そうで、仕事ができない人に見えてしまう。バッグをコンパクトで、すっきりした雰囲気のものに決めたら、「あの人はいつもスマートに働いている」という好印象になるはずです。

疲れず、しかも美しく見える靴

バーニーズで働いていた頃は、リーズナブルなプライスで履きやすいオリジナルの靴を愛用していました。デザイナーズブランドの靴は、どうしてもそのデザイナーの個性や哲学が色濃く表現されているから、ある意味、奇をてらったデザインが多い。

トレンド性やシーズン性が強い靴は、普通に働く私たちの日常においては難しいので、その頃のバーニーズ ニューヨークのオリジナルシューズは、もっと履きやすくて美しく見える靴作りを目指していました。

エストネーションではより一層、黒いパンプスひとつにも、スタッフのみんなで細部にまでこだわってつくりました。足がきれいに見えること。歩きやすい5～7センチヒール。パンツにもスカートにも合うデザイン。自分が上から靴を見たとき、きれいに見えるトウの形にもこだわったもの。これらは、靴の開発に携わった私のお墨付きの名品です。

こういったセレクトショップのオリジナルのパンプスは、本当に優秀です。それに、プライスも魅力的。値頃感があって、3万円ぐらいでもかなりいい靴が見つかるはずです。靴は本当に値段の幅が広くて、10万円以上するものも少なくありません。もちろんマノロ・ブラニク、ジミーチュウ、セルジオ・ロッシ、ピエールアルディなどの芸術品のように美しいシューズも素敵で、私も愛用しています。

でも、こういった靴が仕事でガシガシと履けるかといったら、それは無理。9センチ以上のハイヒールだと足が痛くなってしまうし、華やかなデザインは、働くときの服のイメージにはなかなか合いません。

レッドカーペットの上を歩くようなとびきり美しいシューズは、あくまでもプライベートのお出かけ用に活躍してもらうことにしましょう。

靴底の先端にはラバーソールを貼っておく

「靴を見ると、その人のインテリジェンスがわかる」と言われます。本当にその通りで、いくら素敵な服を着ていても、ヒールがすり減っていたり、靴が汚れていたりすると、「この人の私生活はだらしがないのかな」と思ってしまいます。これでは、だらしがない＝仕事もできない。というイメージを持たれてしまいがちです。

靴は服に比べて、使用する頻度が高いぶん、実は最も酷使しているアイテムなのです。そのため、靴のメンテナンスは、ヘアメイクと同じくらい女性にとって大事なこと。

毎日履いている靴は、丁寧に磨くなどして、手入れをきちんと行うようにしましょう。本格的な靴磨きセットを購入することが必須とは言いませんが、おしゃれのためには、クリーナー、艶《つや》だしのスポンジ、クリームなどは最低限揃えておきたいもの。帰宅したら、クリーナーで汚れを落としたり、スポンジで磨いたり、雨の日だったら乾拭《からぶ》きしたり。ティッシュで軽く拭くだけでも構いません。

ここで大事なのは、そのタイミング。家に帰ってからすぐにしないと、結局やらないで終わってしまう……。「後で」と思っても、大抵、部屋に入って落ち着いてしまうと、玄関にまた戻って手入れをすることなんて、まずしない。

こういったことは、とにかく「座る前にやる」。人は、座ってしまうと動きが止まってしまうものです。

私は仕事でも何でも、「嫌なことからやる」というのがモットー。嫌なことは、大変だったり、重要なことだったりするので、それを先に片付けてしまったほうが、見直す時間が持てたりして、結局それがいい結果を生むのです。

「後でやろう」ではなく、「帰ったらすぐやる」。その習慣をつけるだけで、おしゃれの完成度に大きな差が出てくるはずです。

また、靴のメンテナンスで気をつけたいのは、ヒールがすり減って、中の釘が出てきてしまっている状態。これは、本当に印象が悪いので、厳禁。よく駅の構内や駅ビルなどにある、ミスターミニッツのようなシューズケアの店に持って行って修理をしてもらいましょう。

私は、こういったシューズケアの店をかなり活用していて、いつも、新しい靴の底の先端にラバーソールの底貼りをするようにしています。革底の上質の靴なども、このソールを貼っておけば長持ちしますし、滑りにくくなるので、歩きやすさもアップ。雨の日のトラブルなどもなくなります。

これも、後日、あらためて持って行くのではなく、ショップで買ったらその足で店に行って貼ってもらうのが必殺技。これなら、買った翌日にすぐに使える一足に変身してくれるのです。

価格は、店によりますが3000円ぐらいでしょうか。見た目、歩きやすさ、長持ちするなどのメリットを考えれば、意味のある出費だと思います。

愛用のサンダルも、ラバーソールの底貼りのおかげで歩きやすく、長持ちしています。

1日着たらハンガーに掛け湿気をとる

家に帰って、着ていた服をソファやベッドの上に置いたままにしていたり、疲れたときは着たまま眠ってしまったり……。そんなことはないですか？

服は、1日着たら、汗や湿気、埃《ほこり》や汚れなどがどうしても付いてしまうので、脱いだ服は、ハンガーに掛けてちょっと風通しのいいところなどに置いておくようにしましょう。

それはコートやジャケットだけでなく、ニット類もそう。脱いですぐに畳んでしまうと、湿気などがこもってしまいます。それは、ニットのダメージに繋がるので、ぜひとも避けたいもの。

脱いだ服は、埃などが付いていたら、ブラシをかけてきれいにしてからハンガーに掛けておく。翌日、状態が落ち着いて元通りになったらクローゼットにしまう。そうしていると、服のコンディションを良い状態で保つことができます。

また、1日がんばってくれた服に「今日はお疲れさま」という気持ちで、手入れをして、生き返らせてあげるという意味あいもあります。

これは、自分が選んで買ったもの、自分が所有しているものに対して「大事にする」気持ちや愛情があるかどうか——。

毎日、働く自分に寄り添ってくれる服は、大事なお友達のように扱うことを心がけてほしいものです。

出張のときの賢いワードローブ

1週間ぐらいの出張、となったとき、私が用意するワードローブ。

まず、トランクの中に用意するのは、フォーマルと仕事用の2つのバッグ。プレーンパンプス、フォーマルパンプス、スニーカーの3足。服は、メインで3体のコーディネートができるようなジャケット、ニット、シャツ、スカート、パンツ、黒のワンピースなど。さらに、時計、アクセサリー、スカーフ、ストールなどの小物。これに、機内に持ち込むバッグをプラス。

これだけあれば、昼から夜まで、どんなシーンにも対応してくれるはずです。特にスカーフやコスチュームジュエリーは、同じ服でも違った表情にしてくれるので、あると役立ちます。トランクの中でも場所を取らないので、少し多めに持って行っても、無駄になることはないはずです。

少しハリのあるシルクスカーフなどは、スーツを着たときにアスコットタイ風にあしらったり、アレンジによっては、華やかにもコーディネートできるので、1つ加えておくととても重宝します。

スタイリングを考える上で大事なのは、どんな服とも合わせやすくて活躍している服をチョイスすること。出張だからといって、がんばりすぎていつもはあまり着ない服を選んでしまうと、ほかの服と合わせにくくて結局着なかった、なんてこともあります。普段と同じ、そしてシーンやスケジュールに合ったアイテム選びが出張服の鉄則です。

トランクでおすすめなのは、ゼロハリバートン。私はかれこれ20年も愛用していますが、かなり丈夫で、ほどよく使い込まれていい感じになってきました。

ゼロハリバートンはかなりハードなので、もっと軽めがいいという人は、人気のグローブトロッターやリモワなども使いやすくていいでしょう。

自分に合うヘアスタイルを見極める

働く女性たちのおしゃれとヘアメイクを見ていていつも気になるのは、全身とのバランスの取り方が悪いということ。

メイクとヘアスタイルというのは、上半身だけが映る鏡を見て、似合う、似合わない、を決めてしまうと、アンバランスになっているときがあります。

身長と髪の長さのバランスなど、やはり、自分の全身の姿をしっかり捉え、自分にぴったりのヘアスタイルや長さを見極めることが大事だと思います。

それと、働いているときは、「清潔感」や「信頼感」を与えることが重要。そういった部分は基本として押さえておきたいもの。仕事は優秀なのに、ヘアスタイルがちぐはぐだったり、その人らしくなかったら、評価も下がりかねない。

とはいえ、髪はひとつにまとめるべきだとか、ショートカットであるべきだとかいうわけではありません。女性らしいエレガントな雰囲気も表現していいと思います。

そんなときは、ただ髪をひとつにまとめるのではなく、シュシュやカチューシャなど、上手にヘアアクセサリーを駆使。こういった髪留めなどは、手軽に購入できるし、気分に応じて簡単に雰囲気を変えられるから重宝します。

髪の長さは、多くの人は冬は寒いからと伸ばすことが多いようですが、冬の服装は、ファー付きのコートやタートルニットなど首周りが詰まっているものや、ボリュームのあるものが多いので、短くてすっきりしていたほうがバランスよく見えます。反対に夏は、デコルテ部分も肌が露出していることが多く、抜け感をつくりやすいので、意外に髪の毛が長くても大丈夫なのです。

「寒いから伸ばす」より、ファッションとのバランスを考えて、髪の長さを調節することも、おしゃれに見せる秘訣です。

そして、髪の色はどうあるべきか。最近は、働く女性でも普通に染めているようですし、それはある意味その人らしさの表現のひとつなので、あえて制約しなくてもいいと思います。

ただ、自分の肌や瞳の色によって似合うヘアカラーがあります。色白ならあまり重くならないダークブラウンの髪、肌色が黄色っぽいから明るい色のほうが似合う人、青みのある色白だからグリーンっぽいアッシュ系が似合う人と、さまざまだと思います。自分の肌色に合ったカラーがわからないなら、美容師さんに相談するのが一番。今している仕事の内容、なりたいイメージなども話すと、彼らはプロなので、きちんとした答えを出してくれるはずです。

カラーも含め、こういったヘアスタイルは、やはり、プロのアドバイスが不可欠。ぜひ相性のいい美容師さんを見つけて、よく相談するといいでしょう。

私も雑誌の撮影などで、プロの方にヘアメイクをやってもらうことがよくありますが、やってくださる方によって、仕上がりが全然違い、いつも驚いてしまいます。「あ、こんな私もいたんだ」なんて、発見があることも度々。やはり、プロの方とのセッションで、女性は変わっていくものなのだと感じます。

そして、通うサロンも、4～5年に1回は変えるなどして、自ら変化をもたらしていくことが大事。「自分はこうだ」と頑固に思い込み、いつも同じではつまらない。もっと勇気を出して、新しい自分を見つけてください。

私のお気に入りのサロンもいくつかあります。数年前から通っている自由が丘の「doux dimanche（ドゥー・ディマンシュ）」（マップ198ページ）はヘアカットやカラーがとても上手で、いつも相談にのってもらっています。的確なアドバイスに助けられている、頼れる味方です。

青山の「Purana（プラーナ）」（マップ194ページ）は、ヘアサロン、エステサロン、ネイルサロンの3つが融合したトータルビューティサロン。最新機器を使用したヘアトリートメントやヘッドスパを受けながら、同時にネイルの施術もお願いできたりするので、忙しいときには助かっています。一度にいくつかのトリートメントを受けられるのは、多忙な働く女性にとっては嬉しい限り。また、友人やパートナーの方と一緒に行っても、2人用の個室があるのも魅力のひとつです。

手がきれい＆上品に見えるネイルの色

最近は、数週間保てるジェルネイルなども人気で、多くの働く女性がネイルケアを楽しんでいるようです。

ネイルは、エレガントで上品な手先を演出してくれるので、女性らしくてとてもいいと思います。ただ、爪の上にパーツを載せたりするデコネイルなど、目立ちすぎるデザインやカラーは仕事のときには向かないでしょう。働くときは、あくまでも知的に見えて、エレガントさを感じさせる指先であるべきです。

私は、日本人の手が一番きれいに見えるカラーは、ベージュ系だと思います。肌に近い色で、あまり目立たず、それでいて、とても上品に見えます。自由業の人ならビビッドな色やダークトーンも楽しめますが、普通の会社員の方は、やはり落ち着いたベージュ系ならば上司や取引先の人からの印象も問題ないはず。

ネイルケアをしてもすぐにマニキュアがはがれてしまったりして面倒、という人もいますが、ネイルサロンに行けば、30分か1時間ぐらいでやってもらえるのだから、気分転換の意味でもぜひ行ってほしいと思います。

私も、広尾の「ロングルアージュ」（マップ197ページ）、銀座の「タアコバ」（マップ198ページ）などのサロンに、10日間に1回ぐらいの割合でネイルに通っているのですが、リラックスできてとてもいい時間になっています。

カラーを選ぶときも、「イベントでこんな服を着る」「大事な会議があるから」と、仕事の予定を考えながら選ぶのも、楽しいものです。

ネイルも服と同じようにスタイリングの一部として考えると、おしゃれがワンランクアップできると思います。

Lesson 2
揃えておくと
便利なベーシックアイテム

揃えておくべきジャケット

ジャケットを着ないという人は、その選び方に問題があるのかもしれません。ジャケットというものは、お店などでハンガーに掛かっていたりすると、堅苦しそうに見えてしまうもの。でも、実際に体を入れてみると、立体的に作られているので、決して窮屈ではないし、スタイルもよく見えるように矯正してくれるのです。もちろん商品によって差はありますが、動きやすいか、軽い着心地か、肩のサイズは合っているかなどを見極めて買えば、きっといいものに出会えるはずです。

色は、黒、ネイビー、ベージュの3色はベースとして揃えておくべきでしょう。ほかに、グレーなども、どんな色とも合わせやすくて便利です。素材は、オールシーズン着られるような、プレーンなウール素材が最も使えるはずです。また、春夏なら、麻やコットン、冬ならツイード、やや厚手のウールやジャージー・フランネルなどの素材もほしいもの。

デザインは、シングルのテーラードが一番着こなしやすく、やはり、働くスタイルの基本と言えるでしょう。こだわりたいのは丈の長さ。そのシーズンのトレンドや、自分のなりたいイメージやよく着るボトムとの相性などを考えながら、短めか長めかを選ぶのもいいでしょう。

ただ、自分の身長とのバランスを考えて丈を選ばないと、すっきり見えないので気をつけたいところ。165センチ以上の身長でないなら、やや短めの丈のほうが無難です。また、袖部のボタンの穴が本切羽《ほんせっぱ》（本開き）の仕様になっているものだと、袖を折って着られるので、おすすめ。シャツのような感覚で、抜け感のある着こなしも楽しめます。

お店で選ぶときにチェックしたいのが、肩の位置。大きすぎたりきつすぎたりしないように、ショップスタッフにきちんと見てもらうようにしましょう。

また、自分の予想以上に見られているのが後ろ姿です。その点も、必ず全身ミラーで確認してください。シャツが苦手な人におすすめなのは、フェミニンな印象のノーカラージャケット。これは働く女性の間では人気も高く、もはや市民権を得ていると思います。タートルニットやカットソーなどのアイテムと合わせても軽やかに着こなせるので、コーディネートの幅が広がります。

あると便利な 4種類のジャケット

最近は、昔に比べて比較的リーズナブルにできるオーダーメイドも増えていて、7万円ぐらいから仕立てることができます。オーダーメイドなら、自分にぴったりのサイズが可能だから、スタイルもよく見えるので、30代に入ったらオーダーメイドに挑戦してみるのもひとつの手。ストラスブルゴ、オブジェスタンダール、ポール・スチュワート（銀座店・青山店）などで可能です。

愛用している3.1 フィリップ・リムのジャケット。ウエストマークで後ろ姿も美しい逸品。

多彩な生地から選べるセミオーダーもおすすめです。

シルエットも素材も優秀なブルネロ クチネリのジャケットは、40代以上の方におすすめです。

パンソーのジャケットは、コートジャケット風にも着られるロング丈が魅力。細身のストレートパンツとマッチします。

トゥモローランドで購入したカーディガン風ジャケットは、堅い印象にならずワンピースやスカートにも合います。

＊すべて私物

シャツほど便利なものはない

ベーシックアイテムの中で、最高の定番だと断言できるのが、シャツ。大のシャツ党の私は、ほとんど毎日のようにシャツを着ています。正直言って、シャツほど便利なものはありません。

それは、襟があるので、凛としてきちんとしたスタイルを保てるというのがひとつの理由。ゴルフ場でも、襟付きの服でなくてはプレーしてはいけないというマナーがあるように、襟があるというのは、フォーマルでトラディショナルなイメージが強いわけです。そういったフォーマルさは、働くスタイルにおいても、とても大事なところ。

たとえジャケットを着なくても、シャツを1枚さらりと着ているだけで、知的なオンのスタイルに見せることができるのです。

もうひとつは、シャツはボーイッシュなイメージがあるけれど、実はとてもセクシーだということ。それは、体のラインや袖、襟、胸元の抜け感で女らしいシルエットが簡単に表現できるからです。その一番のお手本が、ミラノの女性のスナップ。シンプルシャツを実にセクシーに装っています。

本来、男性のものであるシャツを着ることによって、女性らしい体の丸みとウエストのくびれなどが強調されて、かえって色っぽく映る。きちんと感がありながら、女らしさもあるアイテムなんて、本当にシャツは、私たち働く女性の強い味方です。

それに、シャツに袖を通したときの、シャキッとした感覚というのは格別で、働くときの姿勢を正し、きちんと向かい合いたいというモチベーションにも繋がります。女性はネクタイができないけれど、シャツを装うことで、仕事に対して前向きな気分に持っていくことができると思うのです。

働く女性にとって、こんなパーフェクトなアイテムはありません。皆さんもっともっと、シャツを着るべきだと、心から思います。

おすすめのカラーは、白、ブルー系。ベーシックな黒、ネイビー、グレーなどのジャケットやボトムに合い、顔映りもいいので、明るく爽やかに印象付けてくれます。

白シャツは、写真を撮るときに顔に当てるレフ板のように顔が明るく見えるという嬉しい効果に、私自身顔が疲れているとき、かなり救われています。

買うときは、必ず試着して、襟の大きさ、袖丈が自分に合っているかをチェックしてください。襟は、あまり大きすぎたり高すぎたりすると、首が短く顔が大きく見えてしまいますし、バランスが悪く見えるので、気をつけたいもの。セミワイドやレギュラータイプの襟が私たち日本人には似合う襟の形のベストだと思います。

また、ジャケットの中に着る場合を考慮して、インにしたとき、もたつかないかも試してみてください。インナーとして使うときは、ストレッチ素材のスリムフィット系のほうが見た目もきれいですし、着ていて心地よいものです。

白などの無地のほかに、ストライプもとても重宝。ジャケットと相性がいいですし、縦のラインがアクセントとなり、きりりと引き締まった印象を与えてくれます。

働くときのシャツは、ボトムの中に入れて、インにして着るのが基本なので、丈は、しゃがんだりするとき、あまり短いと裾が出てしまわないように、ちょっと長めを選ぶといいでしょう。ディースクエアードのシャツなどは、そんな一枚として重宝しています。

基本のシャツ5種類

1.ブルネロクチネリの白シャツは、ディテールにこだわりがあり、上級者には必須。　**2.**女性デザイナーがこだわってつくったブレビ ノアール。着心地、プライスともにかなり優秀。　**3.**ディースクエアードのシャツは、着丈が長いので着ていて安心です。襟の開きも絶妙。　**4.**イタリアブランドのバグッタは、20年ほど前に出会った、最愛のシャツブランド。シンプルで着心地がいいところがお気に入り。　**5.**ボタンや襟の形が少し個性的で、カジュアル感覚で着こなせるハイドロゲン。

パンツスーツ

個人的に、働くときのスーツのボトムはスカートよりも、パンツのほうが多いかもしれません。

パンツスーツを初めて身に着けたとき、何だか大人になった、そう感じたものでした。細身シャツを着て、パールのネックレスとコサージュを着けて、少しエレガントに装ったその日の私は、心も瞳もキラキラしていたように感じました。

着こなし方で気をつけたいのは、スーツは重く見えがちなので、シャツなどのインナーで変化を持たせるようにすること。ポケットチーフ、ネックレスなどの小物を使ったテクニックも駆使すると、オリジナリティが出て、おしゃれ度もアップします。

重宝するデザインは、基本は細身のシルエット。色は、黒、ベージュ、グレーが働くシーンには相応しいでしょう。素材は、オールシーズン対応してくれる薄手のウール素材が使い勝手がいいでしょう。

スカート選びの法則

スカートにはタイト、プリーツ、台形、フレアとさまざまなタイプのものがありますが、働くときのスカートとしては、タイトスカートが最適なデザインだと思います。スーツのセットアップのほとんどがタイトスカートであるように、やはり、タイトスカートはジャケットと相性がいいのがその理由のひとつ。

テーラードジャケットの場合、インナーにはシャツを合わせるのがスタンダードな組み合わせですが、その上半身の組み合わせに最もしっくりくるのが、細みのタイトスカート。全身がシャープなシルエットでまとまり、颯爽《さっそう》としたスーツスタイルを約束してくれるのです。

もうひとつの理由は、タイトスカートは、どんなインナーやアウターとも合わせやすいということ。シンプルなデザインだから、ツイードのノーカラーやベルト使いのジャケット、フェミニンでゆったりシルエットのブラウスなど、デザイン性の高いアイテムともマッチ。ですから、着回しが簡単で、必ず「使える」「頼れる」アイテムとなるのです。
最近のトレンドでは、バルーンやコクーン（繭）などのシルエットも出ていますが、これは座ったときにきれいに見えません。仕事のときは、会議室や応接室などで、座って話をすることも多いもの。そういうときに、ボトムラインがシックでシンプルに落ち着いていないと、体型をきれいに見せてくれないし、太って見えてしまうという難点も。

　タイトスカートは、ふんわりと広がるフレアスカートに比べると下半身をシャープに見せるので、快活な印象になりますし、スタイルがよく見えるのも嬉しいところ。

　かわいいプリント柄のフレアスカートなどは、思わずひと目惚れしてしまうこともあると思いますが、それはオフのときに着てください。働く場には下半身だけが目立ってしまい、合わせるアイテムも難しいので、結局あまり着ない服になってしまいます。

　タイト以外のほかのデザインで選ぶなら、トラッド感覚のプリーツスカートや巻きスカートも清潔感があっていいでしょう。

　素材は、通年使える薄手のウールが便利。そして、動きやすく、シワにならないストレッチ性のものがおすすめです。シワができているとだらしなく見えてしまうので気をつけたいものです。

ストレッチ性かどうかは、販売員の人に聞いてもいいですが、素材の表示にポリウレタン2〜3パーセントとあれば、ほとんどの場合、ストレッチ性があるということになります。

ラフになりがちなデニム素材も、タイトスカートなら意外におすすめ。私もよく穿いていますが、どんなトップスや、アウターとも合わせやすいので活躍しています。同じスカートでも、タイトスカートのタイプだと、きりりと見えて、女性らしさが表現できますし、足さばきもよくて、みなさんが思っているよりも案外動きやすいものです。

スカート丈は、やはりミニ丈は論外で、膝丈が基本だと思います。身長によって多少差があると思いますが、膝に影ができる丈を選ぶと、脚をきれいに見せてくれます。

私は身長が160センチですので、愛用しているのは、55センチ丈。日本人の膝頭は、残念ながら大きくて、ちょっと不恰好に見えてしまう場合があります。55センチ丈だと、それを半分ぐらい影にするので、うまくカバーして、きれいに見せてくれるからです。

膝が全部隠れてしまう膝下丈だと、ちょっと重くなって老けて見えてしまうおそれも。日本人は欧米人と比べると、どうしても膝下が短く、膝下の露出を少なくすると、バランスが悪くなってしまうので、避けたほうがいいかもしれません。

また、ちらりとのぞく膝頭がきれいに見えるように、私は引き締め効果のあるボディクリームでケアをしています。そういった日々の努力も、働く姿を美しく見せるために欠かせないことなのだと思います。

脚をきれいに見せる スカートの丈とカタチ

膝の半分が隠れる丈（約55センチ）のタイトスカート＋5〜7センチのパンプスは、働く女性を美しく見せるベストバランス。

引き締まった肌に導く、クラランスのエクストラファーミング ボディクリームとローションのケアできれいな膝頭に。

シックで上品なキャメルのスカートは1枚あると重宝。マックスマーラで購入。

バックスリット入りで足さばきがいいのが気に入っている、バレンシアガのスカート。

プリーツが広がり過ぎないトラッド風も揃えておきたい。ドルチェ＆ガッバーナ。

デニム素材も、爽やかな白だと働くときにも使えます。ディースクエアード。

＊すべて私物

美脚パンツの選び方

パンツは、ストレートタイプを基準にしておくことをおすすめします。細くピッタリしすぎのスリムだと太って見えたり、私達日本人に多いO脚を目立たせてしまうおそれも。また幅広だと、よほど身長が高くないと似合わない場合もあります。ですので、脚を真っ直ぐに見せて、シャープできちんと感もあるストレートが一番。

靴も、フラット、パンプスのどちらでも合わせることができるので、朝、靴選びで悩むこともありません。

また、トップスとの相性やベルトなどの小物との組み合わせで、セクシーにもスポーティにもなれるので、美脚パンツはストレートと確信しています。

使えるのは、黒、グレー、白などのパンツ。白のボトムズというのは、実はとても万能で、朝、何を着ていくか迷ったとき、白のパンツを選ぶと、上が黒でも紺でも、何を持ってきても合うので、本当に便利なのです。ぜひ、定番の1本に加えておきたいもの。

こだわりたいのは、センタープレス。脚を真っ直ぐに見せますし、きちんとした印象も与えてくれます。私は、チノパンツなどでも、洗濯したあとには、必ずアイロンでラインを入れるようにしています。

裾丈は、くるぶしの辺りにくる、裾から10センチぐらいがきれい。仕事のときは、肌の露出があまり多くないほうがいいのですが、暑い夏を過ごしやすく働くためには、クロップトパンツもおすすめです。クロップトパンツのベストな丈は、股下52〜56センチ。でも素材などを吟味してあまりカジュアルにならないように気をつけたいものです。

パンツ選びで最も重視すべき点は、穿いたときのヒップ下のシルエット。ウエスト部よりも、ヒップ周りが余っていたり、ゆるんでいるとバランスも悪く見えるし、後ろ姿が美しく見えません。必ず試着して、360度回転しながらチェック。十分確認して、自分に合ったサイズのものを買うようにしてください。

素材は、コットンやウールが一般的ですが、夏の麻のパンツも個人的には好きです。これは、着ていて快適なのですが、その反面シワになりやすいので、きちんとケアすることも大切です。

基本の美脚パンツ

2

1

4　　3

1.エストネーションで購入したベージュのクロップト丈。強ストレッチの美脚パンツで、カジュアルだけど働くシーンでも穿ける、秀逸シルエットです。　2.大切な仕事のときのジャケットスタイルに選ぶのは、ユマ エストのセンタープレス。スタンダードな黒のパンツはやはりマスト。3.バナナリパブリックの麻素材のパンツは、夏のコーディネートには超優秀な1本。　4.ドルチェ＆ガッバーナのダークグレーのパンツは、浅からず、深からずの絶妙な股上で、穿きやすいのが魅力。ウエスト周りやヒップのシルエットが気になる30〜40代の女性に特におすすめ。

5.PESERICOのきれいめカーゴパンツ。ジャケットとの相性もよくて、年間通して穿ける名品。**6.**穿き心地抜群のブルネロ クチネリのパンツ。細身シルエットがエレガントな印象で、大人の女性にはなくてはならない１本。 **7.**メンズのパンツブランドとしてスタートし、大ヒット中のPTOW。シルエットが抜群で美脚に見せてくれます。 **8.**イタリアブランドのSOS オルガ スタジオのストレッチデニムパンツ。ジャストフィットだけどピタピタにならず、脚をきれいに矯正するので、一度穿いたらやめられない。一度穿くとみんなファンになります。

＊すべて私物

揃えるべきコート

コートは、トレンチコート、ピーコート、ダウンコート、ウールのロングコートの4着があればいいでしょう。

まずトレンチは、元々はイギリスの軍服であったように、肩章が付いていたりして、ハードだけどスポーティなデザインなので、働くシーン向きです。スーツやジャケットとの相性もよく、歩く姿も颯爽として見えるし、大好きなアイテムの一つ。

ベージュ色のトレンチが一枚あれば、たいていの仕事の場は乗り切れます。着丈が短めのものならパンツに、長めのものならスカートに合わせて。やはり、コートの裾からスカートがのぞいてしまうのはNG。バランスが悪く見えてしまいますし、だらしない感じになりますので気をつけたいもの。

一般的にトレンチといえば、「バーバリー」が王道で、正統派ならではの名品だと思います。最近は、多くのブランドから、ドレスのように広がったAラインのものなど、フェミニンにアレンジしたものも多く出ているので、2枚目として選ぶなら、そういったものもいいでしょう。

ピーコートは、トレンチでは寒く、ウールコートはまだ重い、という端境期などに活躍してくれる一着。コートというよりも、ジャケットの感覚で着用しています。外で仕事の人と会うときでも、ピーコートがジャケット代わりにもなってくれて、助かります。

基本的にトラッドなアイテムなので、仕立てがきちっとしているのもポイント。私はよく、タイトスカートに合わせてクールなスタイリングで着ています。

また私の場合は、ジャケット感覚で着たいので、コンパクトなデザインを選ぶようにしています。体をほっそり見せてくれるような、きれいなシルエットと素材にはこだわりたいものです。

ダウンコートは、もはや定番コートとして不動の地位を占めています。軽いし、暖かいし、やはり寒い冬には手放せないものです。ただ、スーツを着たときは、何となくモコモコしてしまうので、ダウンコートよりもウールのロングコートのほうがしっくりきます。

ダウンコートは、バリエーションとして、ロング丈とショート丈があればＯＫ。オフにも着られるようなスポーティなものもあれば、より重宝します。また、最近では薄手のダウン入りコート、キルティングコートなども増えてきて、働くシーンでは便利です。

　また、マックスマーラやキートンに代表されるような上質のウールコートは、スーツやジャケットが多い人ならば、ワードローブに1枚は加えておくべきだと思います。

トレンチコート

20代

ベーシックなデザインを選び、ベルトをきちんと留めて、凛としたコートスタイルに。ビューティ＆ユースで約4万円。

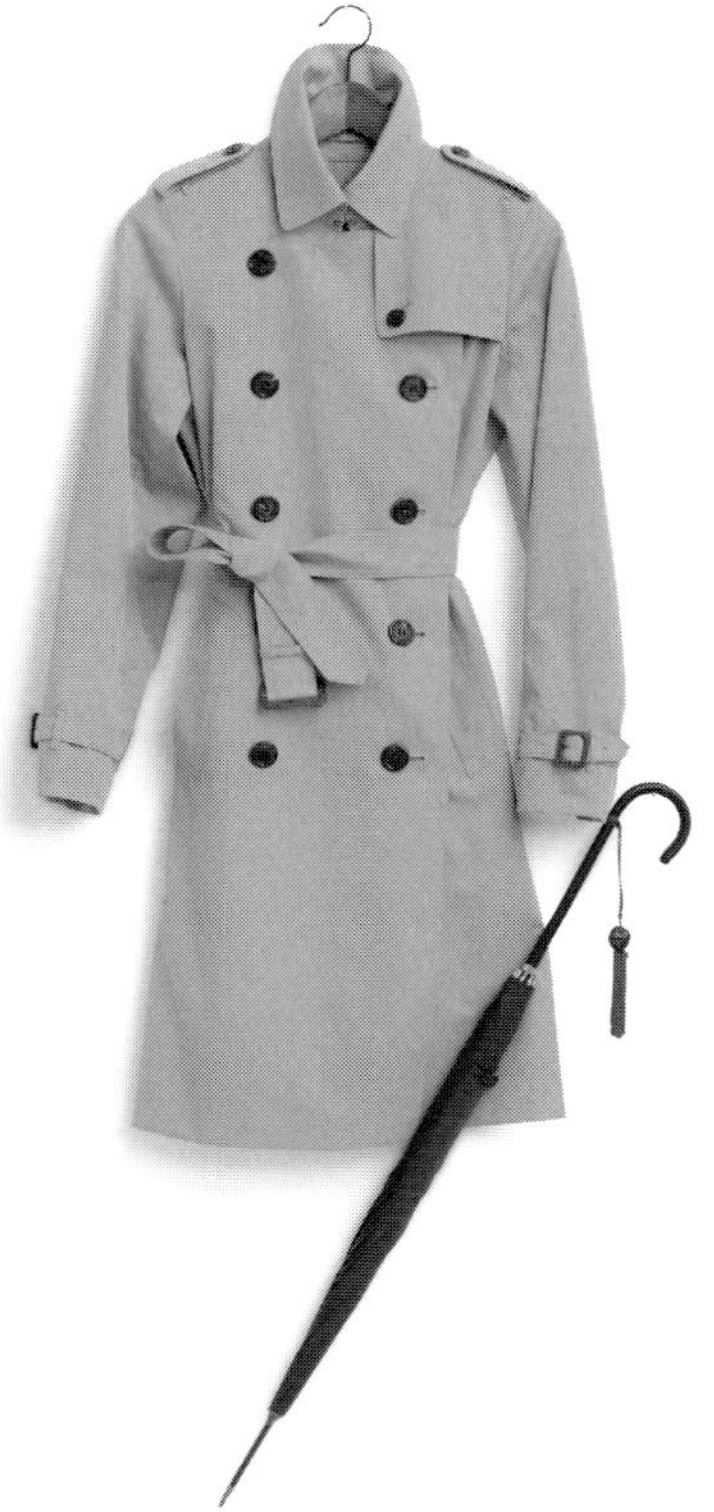

30代

裾フレアのドレス風など、30代なら少し遊びのあるデザインでエレガントに。オブジェスタンダールで10万円台。

40代以上

王道のバーバリーで、ブリティッシュスタイルに決めて。ベルトは横で片結びにすると粋な雰囲気に。14万円台。

※掲載アイテムは2011年秋冬のアイテムですので、
時期によってはすでに販売していない商品もあります。

ピーコート

メンズライクにアレンジされた、アレキサンダー・マックイーンのピーコート。軽量なので着やすく、季節の狭間《はざま》などに活躍しています。

ダウンコート

ダウンコートの代名詞ともいえる、モンクレール。私は上品な色がポイントのファー付きのロングタイプを仕事のシーンでも愛用しています。

ウールコート

マックスマーラの真骨頂ともいえる、オーソドックスなキャメルのチェスターフィールドコート。大人の女性なら1枚は揃えておきたい名品。

＊すべて私物

究極のワンピース

エレガントに、セクシーに、女性らしく働くときのおしゃれを叶えてくれるのが、ごくシンプルなデザインのワンピースです。

ジャケット、丸首カーディガンなど、きちんとしたトップスを合わせれば、優雅でエレガントな大人の女性に見せてくれます。

夜にパーティやお出かけの予定があるときは、シンプルワンピースにジャケットを羽織って出社して、仕事が終わったら、ワンピース姿に変身、と臨機応変な着こなしテクニックも楽しめます。

究極の一枚と言えるのが、華やかな飾りも、凝ったディテールもない、シンプルなワンピース。それ一枚あれば、どんなシーンでも困ることはありません。

丈はタイトスカートと同様に、膝丈。シルエットもフレアではなく、細身のほうが、ジャケットなどと相性がいいでしょう。

私は仕事のシーンでのシンプルワンピースは「小物で変化を楽しむ」と決めていま

す。合わせるアウターはもちろん、ネックレスなどの小物によって、アレンジが自在なので、とにかく万能です。

プリント柄は、基本的にあまり働くシーンでは着ません。身長の高い人（165センチ以上の方）はいいですが、身長があまり高くないと、柄の迫力に負けてしまうと思うのです。では、小さい柄ならいいのかというと、それもチマチマしてしまって妙に老けて見えてしまうおそれも。

だったら、無地のものを選んで、きれいな色のアクセサリーなどでアクセントをつけるほうがずっとおしゃれです。

好き嫌いは、人によってあるとは思いますが、働くときは、無地のシンプルワンピースが基本だと強く信じています。

私が愛用しているのは、もう10年以上前に購入したセオリーのシンプルワンピース。丈は、少し長かったので、ちょうど自分の膝丈になるように、少しお直しして着ています。

本当にシンプルなデザインなので、上に合わせるもので変化を付けられるので、超お気に入り。最も優秀な点は、肩から袖のライン。肩のくりが美しく、気になる二の腕もすっきり見せながら、フォーマル感も叶えてくれるのです。

襟ぐりも、ほどよくネックに沿ったラウンドなので、どんなアクセサリーも合います。素材は、着やすいストレッチ性の効いたウール。セオリーのワンピースは、こういった着心地を考慮したデザインと素材で、満足度の高い一枚です。

10年以上活躍している、セオリーのワンピース。定番ではないので同じ物はないようですが、これに似たデザインは今でも扱っているようです。

＊私物

あると便利な定番レザー3種

じつはレザージャケットは、一年を通して着ることができる、超優秀アイテム。特に、何を着ればいいのか悩んでしまう3～4月や、まだコートを着るには早い9～10月などの端境期に活躍します。

革という素材自体、天然素材で本来は季節感を問わないものなので、そういった時期のつなぎアイテムとして、まさに適役。

洗練された印象で、年齢も問わないですし、見た目もシンプルでシックに決まるので、私はかなり愛用しています。

以前はとても高価なイメージがあったレザージャケットですが、最近はとてもリーズナブルなものもあり、まさに玉石混交。でも、値段によって、かなりの質の差があるので、そこは慎重に選びたいもの。

値段はやはり、10万円前後は出してほしいと思います。安物を買ってワンシーズン使えばいい、という考え方もありますが、レザーは大切に使えば本当に長く着ることができるので、ここは投資と割り切って、いいものを手に入れるべきです。

選ぶデザインは、オフのときならカジュアルなものでも結構ですが、働くときは、それなりの質ときちんと感をキープしたいもの。

まず気をつけたいのが襟のデザイン。失敗がないのは、テーラードのシングル襟のデザイン。布帛《ふはく》のジャケットのように、端正さを演出できます。

大きなダブル襟が付いたライダースは、いつの時代も大変人気がありますが、着古したようなヴィンテージ加工のものや、金具が大げさなものは避けたいもの。

やはり、働くときにはトレンド性を求める必要はないと私は思っています。「きれいめでシンプルなスタイル」に見える、普遍のデザインを選んでおけば、仕事のシーンでも活躍でき、何年経っても流行遅れになることもなく使うことができるお気に入りになるはずです。こだわりたいのはシルエット。レザーの場合、あまり大きいサイズや広がったデザインだとボリューム感が出てしまうので、体のラインに沿うようなシルエットの見極めには手を抜かずに、試着をしてから選んでください。

色は、黒、茶、ネイビーなどの落ち着いた色みなら間違いなし。手持ちのパンツ、スカートなどと合うトーンを、選ぶようにしましょう。

あると便利なレザー

トゥモローランドで見つけたきれいめライダースジャケット。フラノパンツと合わせると働くときでも使えるので重宝。

こげ茶の1枚は、形がプレーンなので、オフィスでも浮きません。エミスフェールで8年ぐらい前に購入。

レザーに定評のあるニール・バレット。ハードなブルゾンタイプですが、タイトスカートと合わせると大人っぽいコーディネートが完成します。

＊すべて私物

何枚も揃えたいハイゲージニット

カジュアルになりがちな地厚のニットと違い、薄手のハイゲージニットは、本当に重宝します。ジャケットのインに着てももたつかず、それ一枚で着てもきちんと見えるので、仕事のときのマストアイテムです。デザインは、装飾などのない、Vネック、ラウンドネックなどのベーシックタイプを選べば、使いやすいでしょう。形がシンプルな分、色はブルーやピンクなど、明るい色でもOK。ただし、あまり安物だと発色がよくないので、ある程度の値段は出しても、色出しのいい上質ニットを買うようにしましょう。正直言って黒やネイビーは安いものでもごまかしが効きますが、明るい色は注意が必要です。

また、カーディガンタイプは、普通に着るだけでなく、さまざまな着こなし方ができます。ワンピースの上などに、ボタンを留めずカシュクール風に結んで着たり、ラウンドネックをVネックのように少し開けてシャープに着たりと、一枚で多彩なアレンジを堪能し、私のシンプルシックコーディネートにはなくてはならない一枚です。

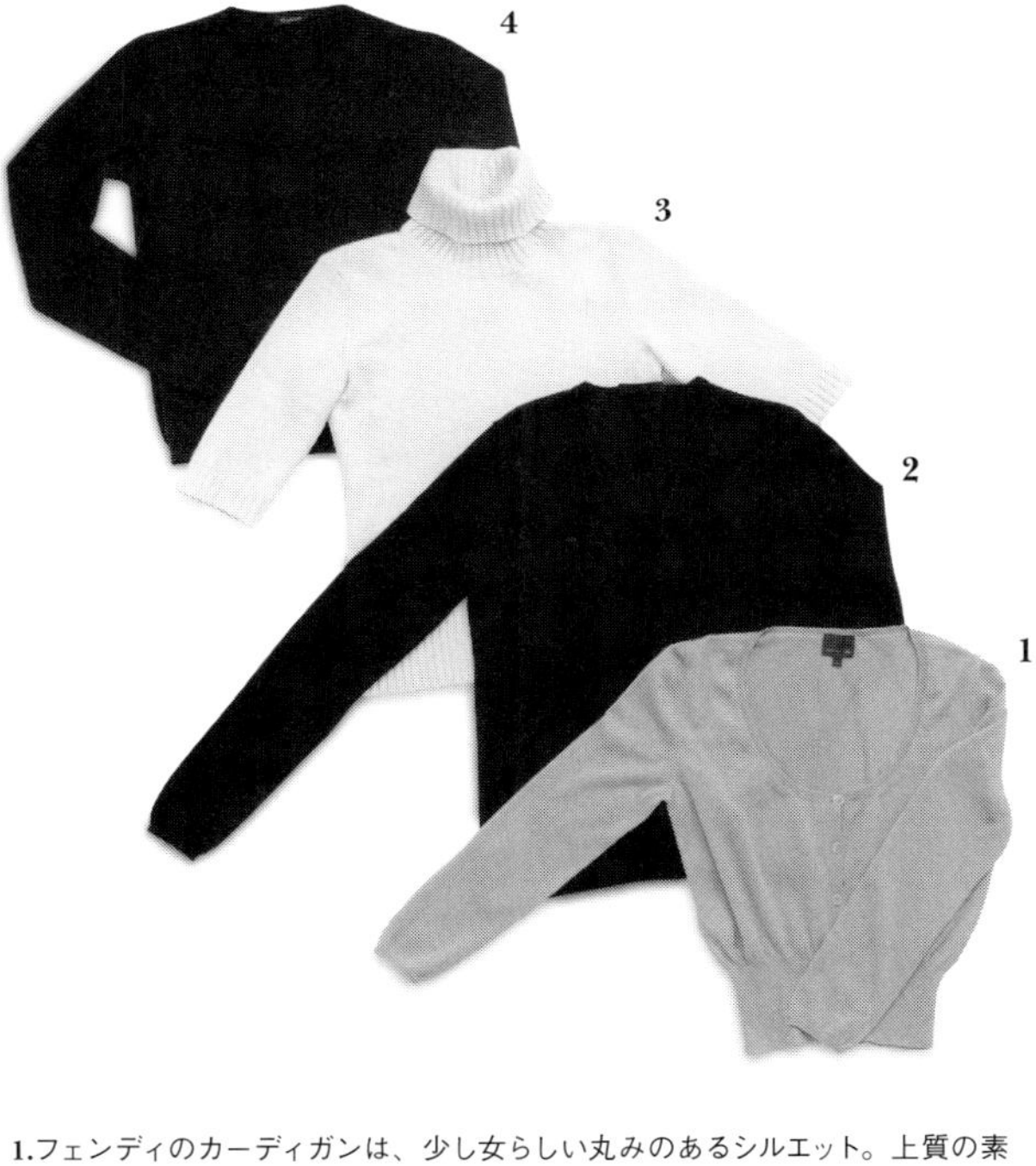

1.フェンディのカーディガンは、少し女らしい丸みのあるシルエット。上質の素材感も魅力。　**2.**プラダのニットは、シンプルなデザインも豊富でおすすめ。合わせやすいベーシックカラーがあると、コーディネートの幅が広がります。**3.**ラルフローレンのトラッドベースのタートルニットは、着心地が最高。　**4.**私が絶大なる信頼を置いている、イタリアのニットブランド、クルチアーニ。薄手だけど暖かく、どれだけ着ても毛玉にならず、長持ちするところがお気に入り。大人っぽい発色もきれいなので、色やデザイン違いで何枚も持っています。

＊すべて私物

使えるカットソーの選び方は？

スーツやジャケットのインナーが毎日シャツ、というのは、お手入れや金銭的にもむずかしいと感じる方も多いと思います。そんなときに便利なアイテムのシンプルカットソー。襟口の形、デザインやカラーなどで、イメージの幅も広がり、同じスーツが何通りにも着られるのも嬉しいものです。

私が持っているTシャツやポロシャツなどのカットソー類は、ほとんどが「白」。基本的にカットソーはジャケットのインナーとして考えているので、清潔感があって顔映りもいい白に勝るものはないと思っています。

ただ意外と使えるのが、ボーダーのカットソー。ジャケットのインナーにすると、快活なイメージになり、颯爽と働けるような気がするし、ちょっと気分を明るくしたいときはおすすめです。

カットソー類で大事なのは、そのカタチに合ったサイズを選ぶこと。私は、「このカタチならこう着る」とイメージして、緩めのサイズがいいか、ぴったりめのサイズがいいか、試着して選ぶようにしています。サイズは、「いつもMだから」と同じサイズを買うのではなく、そのカタチによって、Sだったり Mだったり、臨機応変に選ぶようにしましょう。

また、ジャケットやスーツ、ボトムズとの相性を考えながら選ぶとよりスタイリングの幅も広がります。

おすすめのブランドは、GAPとバナナリパブリック。おなじみのカジュアルブランドですが、このブランドのTシャツは、かなり優秀。一番のポイントは、丈が長めなものが多いこと。シャツと同じようにパンツやスカートのインにしたときに、上がってこないので安心です。襟元のデザインも、Vやラウンドなどバリエーションが多く、洗濯機で洗っても伸びたりしないので、手頃な値段のわりに丈夫です。

また、NY発のアバクロンビー&フィッチと同系列のカジュアルブランド、ホリスターもお気に入り。日本に本格上陸していないので、いつもハワイなどで購入しています。安いうえに、素材、サイズ感も日本人向きのような気がします。

ポロシャツは、やはり定番のラルフローレンやラコステのものが名品だと思います。シルエット、襟の大きさ、カラーバリエーションなど、本当に優れものです。

揃えておくべき基本の靴

ホテルマンは、靴を見て上客か否かの判断をするという話は有名ですが、私も仕事のシーンでのシューズは、常に気をつけていて、モードすぎる靴や歩く姿が素敵に見えない靴は履かないようにしてきました。以前は、その日になって突然、大事な予定が入ることもあるから、会社のデスクの下には、黒いプレーンなパンプスを常備していたこともありました。

通勤のときは、トレンドの靴で、会社で履きかえる、というのもひとつの手ですが、やはり、基本の靴を押さえておけば、どんなときでも安心です。

では、働くときの靴はどんなものがいいのでしょうか。

まず色は、黒、茶、ベージュがあれば、ほとんどの場合は事足ります。素材はカーフが基本で、秋冬にはスエードなどもいいでしょう。また、光沢感のあるパテントレザーも、ベーシックカラーなら派手にならず、使えます。

時々、白い靴をビジネスシーンで履いている人がいて驚いてしまいますが、白の靴はパーティなどのフォーマルなシーンで履くもの。普段の仕事のときには向きません。デザインは、飾りなどのあまりないプレーンなものが万能。スーツからワンピース、バッグまで、合わせるアイテムを選びません。

ヒール高は、5~7センチ前後が最適。働いているときは、颯爽と歩けて動きやすいこともポイントですから、高すぎるのは不向き。逆に低すぎると、カジュアルな印象になるし、働くスタイルに合わないし、バランスが悪く見えてしまうので、基本的には避けたいもの。

夏のミュールやサンダルなどの靴は、やはり仕事場ではNG。ただ、バックストラップのデザインは、ちゃんと歩きやすさも確保されているので個人的には好きなシューズです。私もよく、バックストラップのパンプスに素足っぽく見えるストッキングやタイツを合わせたりして履いています。このシューズは女性の脚の華奢な部分をより美しくエレガントに見せてくれるので、大人の女性にはおすすめです。

また、秋冬に履くブーツは、コーディネートも決まりやすく足元が冷えないので、女性の間でとても人気があるようです。

私も好きでよく履いていますが、ブーツには少しこだわりがあります。まず、ヒールの高さ。あまりヒールが高すぎると、安定感がなく歩きにくいので、5センチ以内のものと決めています。5センチヒールなら、颯爽と闊歩《かっぽ》することができます。

次に丈。ミニスカートにしか合わないニーハイブーツはもちろんオフィスに向きません。反対に短すぎると、少しカジュアルな印象になってしまうので、丈は膝が半分隠れる丈のスカートと重ならない、膝下ぐらいがベスト。

そして最後に筒のサイズ。これは、太すぎず、細すぎずがいいと思います。実際に履いているブーツの筒を計ってみると、どれも36センチ前後でした。O脚をうまく矯正してくれる太さなので、日本人にはこのサイズが最も合うと思います。

1.コンバースのスニーカーは大好きな1足。チノパンツなどと合わせると、スポーティに働けます。　2.トレンドのデザインだけでなく、ラバーソールの履きやすい靴も見つかるプラダもおすすめ。　3.女性の脚をエレガントに見せるバックストラップのパンプスは、アラン トンドンスキー。　4.雨の日にも活躍しているジュゼッペ ザノッティのエナメルパンプス。　5.履いていて楽なeccoのコンフォートパンプス。

基本の靴5種類

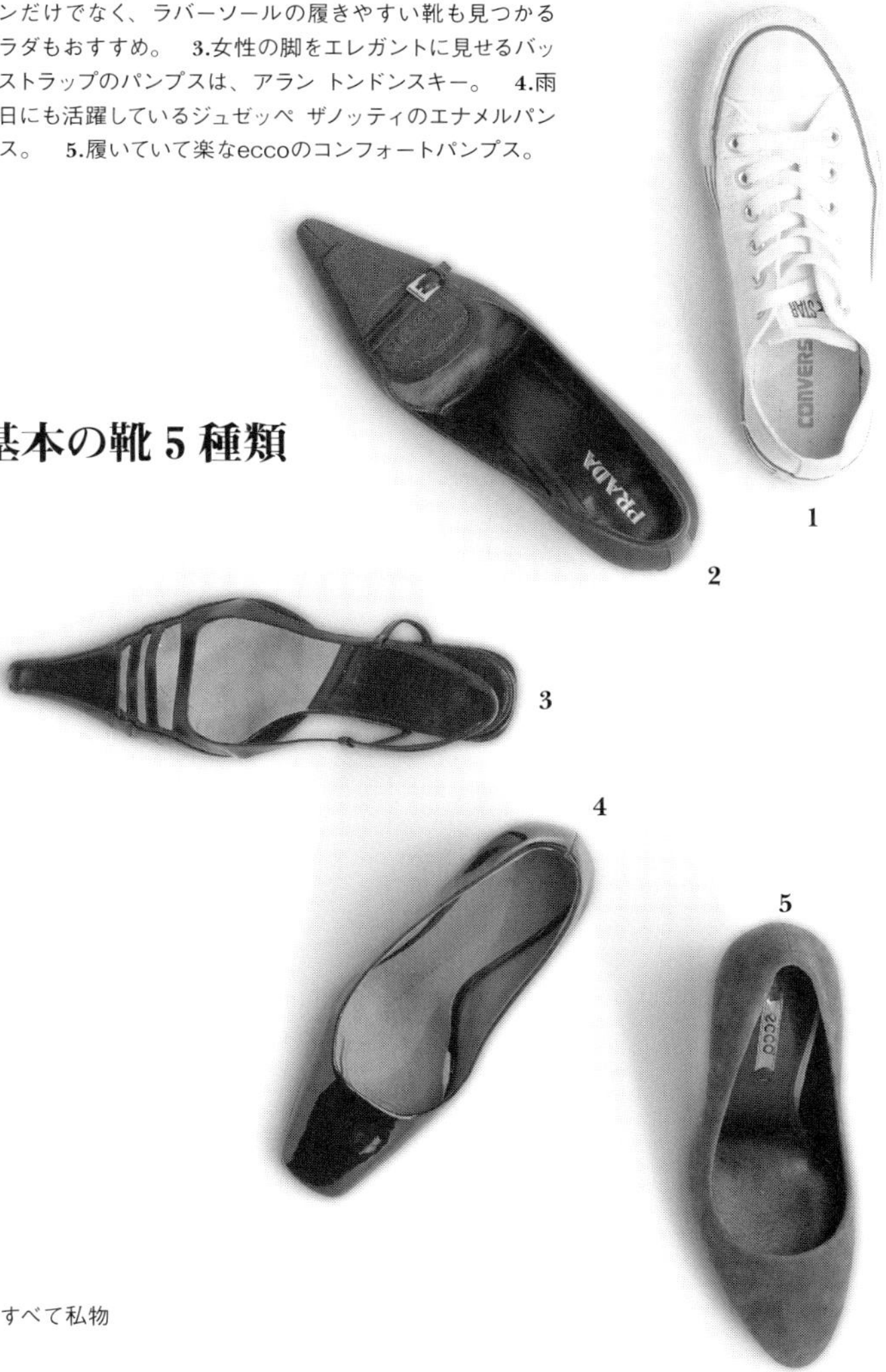

＊すべて私物

基本のブーツ

バーニーズで購入したヘアカーフの切り替えやベルト付きのロングブーツ。約3センチのヒールで歩きやすさも抜群。

乗馬風デザインのトッズのロングブーツ。ブラウンスエードがシックで、ハードにならず、女らしく履きこなせます。

＊すべて私物

雨の日に最適な靴

昔は梅雨時など、雨降りのときは、いつものパンプスに防水スプレーをして履いていたものでした。

でも、最近は、おしゃれなレインブーツが開発され、働くシーンにも対応できるものが増えたので、もっぱらレインブーツを活躍させています。

私が5～6年前ぐらいに青山のシューズショップで買ったイタリア製のレインブーツは、ビット使いの乗馬ブーツ風のデザインなので、あくまでもきちんとした印象。タイトスカートともマッチするので、働くときにもナイスコーディネート。ラバー素材なので、価格も6000円以内とリーズナブル。こういったレインブーツはブランドのものでもだいたい2万円ぐらいで手に入るから、買って損することはありません。

レインブーツで人気の高いブランドは、イギリスのガーデニング用シューズのハンター。ファッションモデルのケイト・モスが履いていたことで有名になり、一躍話題となりました。あとは、乗馬ブーツで知られるフランスのエーグル。どちらもラバー素材のブーツがさまざまなカラー、バリエーションで展開しているので、お気に入りが見つかるはずです。

また、ラバー素材の靴は、フラットシューズでも多く登場しています。1万円前後のリーズナブルなものから、フェラガモ、トリー　バーチなどの有名ブランドまでさまざま。デザイン性も機能性も抜群でとても便利です。

こういった靴は、憂鬱になりがちな雨の日も、どこか特別な気分にしてくれて、おしゃれすることが楽しくなります。

ラバー以外の素材では、エナメルシューズも雨の日向きです。大雨でない限り、水をはじき、シミになることもありません。大切な仕事で、スーツやジャケットを着るときには、エナメルのパンプスを履くこともおすすめします。

雨の日に便利な靴

レインブーツで大人気のハンターから登場したフラットシューズもおすすめ。ビューティ&ユースで1万円台。

濡れても大丈夫なアッパーの素材とラバーソールで、雨の日も楽しく通勤。ユナイテッドアローズで1万5000円ぐらい。

おすすめのタイツとストッキング

タイツと言えば、普通の黒無地しか穿かない、というのはとても残念なこと。じつはタイツは、働くスタイルの中で、アクセサリーのようになってくれるお助けアイテムなのです。

働くときのスタイルでは、洋服の色が黒や紺で、デザインもシンプルなものが多いので、グレー、パープル、アーミーグリーン、ボルドーなどのカラータイツを穿くと、明るい感じになって、とってもおしゃれ。

差し色として、こういったカラータイツをうまく使うと、簡単に着こなしの鮮度を上げることが可能となります。

アーガイル、チェック、千鳥格子などの柄タイツも、プレーンなネイビーのスーツなどに合わせると、さりげなく女性らしさが醸し出されて素敵です。

おすすめのブランドは、ウォルフォード。あと、ウェアのブランドとして知られているマックスマーラのタイツ類も狙いめです。どちらも、素材がいい、色がきれい、穿き心地も抜群と、かなり秀逸です。

ほかに、福助のフェリーチェというブランドも穿き心地がよくて、ストッキングもタイツも愛用しています。

薄手のストッキングは、やはりナチュラルカラーが無難でしょう。私のお気に入りは、ランバンの「ボレーヌ」で、ナチュラルよりちょっと濃いぐらいの色。脚が白っぽくなったり黄色っぽくなったりしない、ほどよいモカベージュ。穿くと脚に影ができるような感じで、美脚に見せると評判です。

ストッキングやタイツの価格は、500円から1万円ぐらいまで本当に幅がありますが、やはり高いものは、伝線しないので助かります。洗濯を重ねても、しっかり耐えてくれる丈夫さもある。

でも、「長持ちする」ということよりも、私は穿いたときの気持ちよさと肌を美しく見せるところが何よりの魅力と感じています。働いている時間は8時間以上が当然ですので、タイツやストッキングによる窮屈なストレスを感じないというのは、大きな価値があると思います。

美脚に見せるタイツとストッキング

1.ウォルフォードは色が美しく、着用感がよく、長持ちするのもメリット。 **2.**マックスマーラのストッキングやタイツも優秀と業界内でも評判です。 **3.**福助の中でもワンランク上のブランド、フェリーチェのストッキングもおすすめ。 **4.**ランバンは色も素材感もよく、ナチュラルベージュからブラックまでよく穿いています。手頃な値段も嬉しい。

仕事バッグの選び方

●自分の体の大きさに合うサイズを

バランスのいい幅のサイズは、身長の5分の1ぐらい。たとえば身長160センチなら、32センチ。30センチ前後で、どんなに大きくても40センチ以内にする。そうすると、全身のバランスがすっきりとまとまります。

●使える色は、黒、茶、ベージュ、紺

この基本色を揃えておけば、どんなスタイルにもマッチしてくれます。また、ビジネスシーンでは、バッグと靴は同じ色にしたほうが、統一感が出て素敵に見えます。ただ、男性のように必ず一緒にするのが鉄則、というほどではありません。靴は基本色の黒、茶、ベージュだけど、バッグで少し鮮やかな色を差す、というのも個人的にはおすすめですし、おしゃれだと思います。

●素材はシボ革が優秀

シュリンク加工といわれる、革にシワ加工を施したシボ革は、キズが付いても目立

たないので、毎日活躍させるバッグに最適。長持ちし、お手入れも楽なので、とても便利です。

●大きな金具使いは要注意

最近は、派手なゴールドやシルバーの大きな金具が付いたバッグが流行していますが、これは働くときに持つには、少々手ごわいバッグ。どうしてもその部分が目立ちすぎてバランスが難しく、仕事の服に合わせるには不向きです。

●恥ずかしくない値段のものを

働いている女性であれば、あまり安いものを持つより、5万円前後の質のいいバッグを持ってほしいと思います。エストネーションで販売するバッグを決めるときに、私はいつも「20代ぐらいのお客様用に3万〜5万円ぐらいのもの、30代以上のお客様用に7万〜10万円ぐらいのもの」というプライスの話をよくしていました。そしてそのぐらいの幅のもので、きちんとしたものをつくってほしいと工場の方やバイヤーたちにお願いしていたのです。このプライスであれば、前にも書かせていただいたように、20〜40代の働くスタイルにマッチしやすく、どんなシーンにも活躍してくれる優秀、便利なバッグになると、長年の経験で感じているからです。

そしてときには、10万円以上の憧れのブランドのバッグを選ぶというのもいいと思います。最近は、ハイブランドのバッグでは、20万円前後が当たり前になってきましたが、大切な仕事の日などは、バッグにもちょっとしたグレードアップが必要です。

毎日おしゃれで気持ちよく働くためには、バッグなどの小物は、やはり素材や機能性(使いやすさ)がかなり関係しているので、その点も考慮して選ぶことをおすすめします。

●ひと目でブランドがわかるものは避けて

ブランドのロゴが大きく飾られていたり、ブランドのマークが全面にデザインされていたり。こういった、明らかにどこのブランドとわかるものは、これ見よがしになっていて、働くときにはどうでしょうか。ブランドは、あまり目立たないほうがおしゃれですし、知的レベルの高さを感じると思っています。

●おすすめのブランド

バッグは、エルメスなどのレザーグッズからスタートしたブランドや、バッグに強いプラダ、グッチ、トッズ、フェンディなどのブランドはとても優秀です。デザインはもちろん、素材も縫製もよく、使いやすいので長く愛用できます。

仕事のシーンで活躍するバッグのデザインと素材

グッチの「ジャッキー」は、肩にはまったときのサイズ感が日本人にちょうどいい大きさ。幅は約40センチで、身長が160センチの私にとってのベストバランスバッグ。

シボ革でキズがつかず、何年経っても新品のような状態をキープしてくれるエルメスの一品。働くシーンに合うコンサバ感が気に入っています。

＊すべて私物

ジミーチュウのバケツ型バッグは、幅35センチ、マチ16センチと容量があってもなぜかエレガント。靴だけでなくバッグも注目のブランドです。

クラシックなデルボーのバッグは、スーツやコートとの相性がよく、マチが15センチもあり収納力もあって、仕事のシーンで活躍してくれます。

マチが13センチあるので、見た目以上に入るプラダのボストン。スエードですが、ゴールドのプレート付きなので、ちょっとしたパーティにも対応。

揃えておくべき時計

スーツやジャケットのスタイルが多い働くときのおしゃれでは、時計はかなり重要なアイテム。私は出張のとき、革ベルトのＹＧ（イエローゴールド）ケース、ＳＳ（ステンレススティール）ケース、ブレスレットタイプと、３種類持って行くぐらい、時計にはこだわっています。

時計選びで大事なのは、自分の手や体の大きさなどにしっくりくるデザインであること。何年か前に、メンズのビッグフェイスの時計が流行ったことがありましたが、私の手には大きすぎて、時計ばかり目立ってしまいました。それに、働くシーンでは、袖口の邪魔にもなり、不自然に見えました。

そして、そのときから心がけているのが、時計選びも洋服と同じように、全身が映る鏡などでチェックして、バランスがおかしくないか見極めること。

ケースの形は、ラウンド、スクエア、トノー（樽型）などさまざまあるので自分に似合う形を選びたいもの。私の場合、手の骨格からいって、ラウンドだと時計の丸さに負けてしまうので、スクエアを選んでいます。

そして、やはり選ぶ際に気をつけたいのは、年代を意識しながら価格やブランド、機能、TPO、そのときの働き方、ファッション、スタイルなどを考えるということ。

20代は、3万～5万円台の国産ブランドで、見やすく、使いやすいもので十分。

30代になったら、ステップアップした自分へのご褒美として、10万円台のもので、スーツのときもエレガントなファッションのときも使うことができるスタイルやデザインを。

40代になったら、20万円以上のものを。スポーティな機能重視のものから、パーティなどでも活躍してくれそうな少しゴージャスで女らしいものまで、日々のTPOに合わせてつけこなせたら素敵です。

いろいろなデザインを使った結論として、最も重宝するのは、YGケースの革ベルトと、SSのブレスレット。この2つがあれば、たいていどんな服にもマッチしてくれるはずです。私が最初に買った時計は、カルティエの「タンク」のYGケース×革ベルト（次ページ参照）。仕事を真剣にし始めたときに、ちょっと背伸びをして憧れのブランドの時計を手に入れました。30代の頃には、当時ブームだったロレックス、ブルガリを購入。その後、ベダの「NO.3」、ボーム&メルシエ、ラドー、セイコーなど、一つひとつ増やしていって、今ではかなりのコレクションとなりました。

働く女性にとって時計というのは、仕事やプライベートなど、何かの節目ごとに購入したりして、思い入れが多いアイテムだと思います。もちろん高価なものなので、簡単に衝動買いすることもできません。でも、その分、がんばって手に入れた時計は、自信やモチベーションを高めてくれる、とっておきの逸品となるはずです。

ご褒美としてのリングもいいですが、リングは仕事のときには邪魔になったり華美に見えてしまう場合もあります。それよりも、いい時計がジャケットからのぞいているほうが、働く女性には素敵なのではないでしょうか。

最近は「携帯電話で時間がわかるから」と、時計をしない人も多いようですが、私はもっと時計の魅力を見直してほしいと思います。時計は、時間を知るだけでなく、働く女性としての自分の立場を自覚し、勇気づけることができるものでもあるのです。

重宝する時計のデザイン

本格派のボーム＆メルシエのブレスレットタイプの「ディアマント」。

はじめて働くシーン用にと自分で手に入れ、今も活躍している、カルティエの「タンク」。

商品開発にも携わっている、SEIKO Mのクールなパイソンの1本。

会社を設立したときの記念としてベダのダイヤモンドベゼルを購入。

＊すべて私物

ロングのパールネックレスは必需品

働くときのアクセサリーは、派手なジュエリーは避けて、プチジュエリーを纏ったほうがいい、というのは誰もが思っていること。

しかし、仕事のときのきちんとした服にも、ギラギラしすぎず自分に合ったアクセサリーでアクセントを付けたいもの。

若い頃はプチジュエリーでもいいですが、30代に入ったら、シックな仕事スタイルの味付けに、自分の体のサイズに合ったアクセサリーを身に着けるのもおすすめです。

そんなときにまず一つは持つべきなのは、ロングのパールネックレス。本物は高価ですし、手入れも大変なので、リーズナブルなパール風のコスチュームジュエリーで十分です。

これは、白や黒などシンプルなコーディネートのときに付けると、とても映えてぐっと洗練度が増します。カジュアルなデニムからフォーマルドレスまで汎用性も高く、かなり使えます。

シンプルニット、Tシャツ、シャツも、パールネックレスを合わせるだけでフォーマルでエレガントな印象に変えてくれるので、本当に働く女性の味方だと思います。長さは、シングルで使う40〜45センチと、二重、三重巻きにできる80〜120センチの2タイプがあるといいでしょう。私は、定番ホワイトパールのほかに、バロックパール、ベージュ系のパールなども揃えていて、どれもジャケットやシャツに合わせてよく活用しています。とくに、伊勢志摩のアコヤ貝を使用したMADAMAのパールアクセサリーがおすすめです（次ページ参照）。なぜなら、珠の大きさ、長さの違う3タイプが連結しており、それらを分解すると、ネックレスやブレスレットとして別々に使えるのはもちろん、またジョイントさせてロングタイプに戻すこともできるので、出張のときに重宝します。

ほかに、鮮やかなブルーがきれいなターコイズ、黒系のネックレス、ゴールドチェーン、シルバーチェーンなどのコスチュームジュエリーも重宝。同じ服でもこういったアクセサリーを着けるだけで雰囲気が変わるので、出張のときなどにもとても助かります。

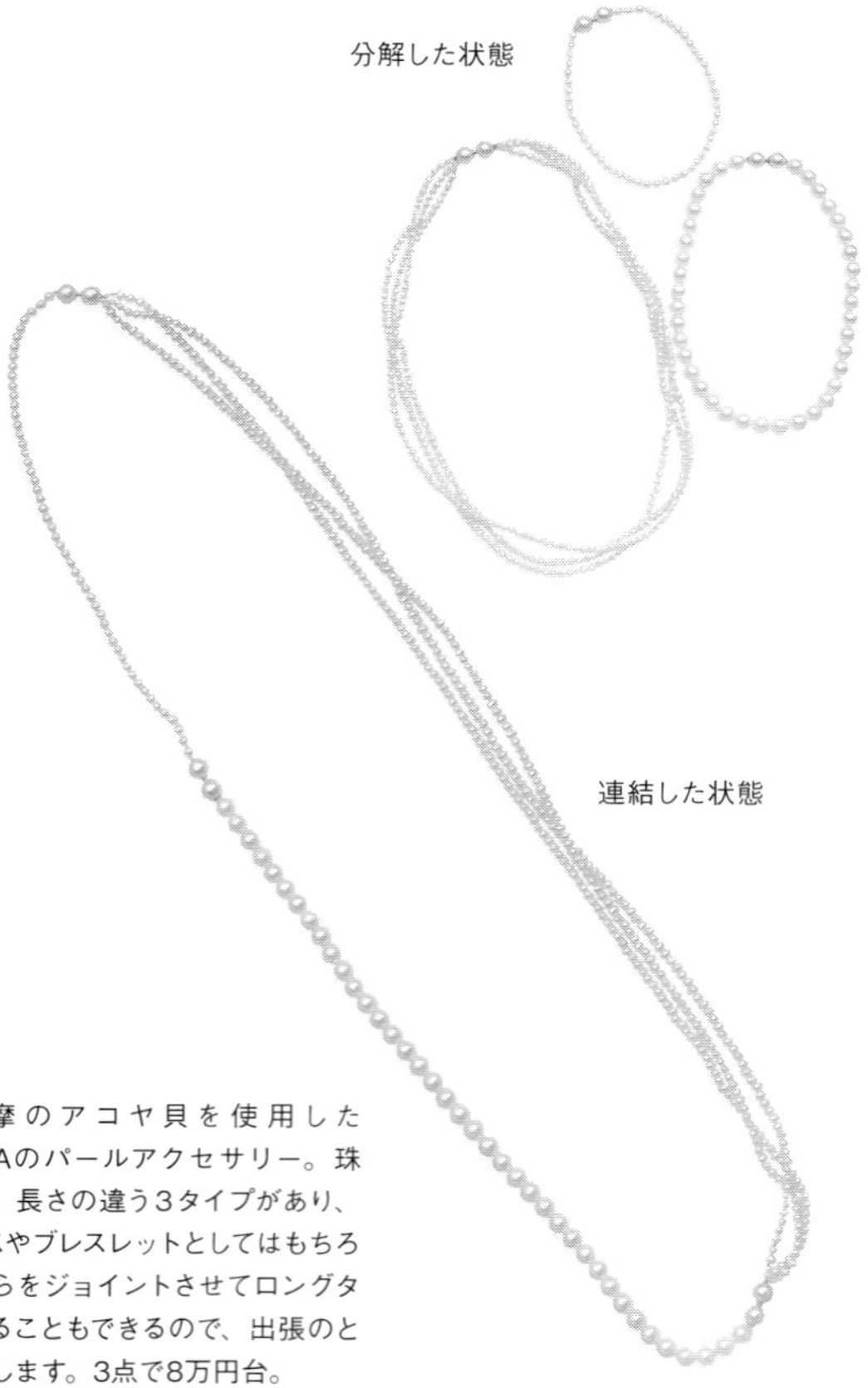

伊勢志摩のアコヤ貝を使用したMADAMAのパールアクセサリー。珠の大きさ、長さの違う3タイプがあり、ネックレスやブレスレットとしてはもちろん、それらをジョイントさせてロングタイプにすることもできるので、出張のときに重宝します。3点で8万円台。

疲れた顔を一瞬で元気にするメイク術

朝、きちんとメイクを施しても、何時間も働いていると、どうしてもメイクが崩れ、疲れた感じに見えてしまいます。そんなときでも、長々と時間をかけてメイク直しをしていると、「仕事ができなさそう」と思われてしまいがちです。

働くときのメイク直しは、ささっとスピーディに、簡単にできることが一番! 私の場合、「あ、元気がなくなったな」というとき手直しとして使うのは、ファンデーションや口紅ではなく、マスカラ、ビューラー、チークの3点だけ。

マスカラは、2種類のブラシで濃密なまつ毛をつくってくれる、クランスの「マスカラ インスタント ディフィニシオン」。細かく付けることができるので愛用しています。上まつ毛には一本一本丁寧に、下まつ毛には縦にして付けます。その後ビューラーでまつ毛を持ち上げて、しっかりと固定させます。

最後に、MiMCの「ノーブルベージュ」、もしくはルナソルのコーラルピンクのチークをさっとひと塗り。ファンデーションで白っぽい顔になるのは基本的に好きではないので、パウダーよりも、チークを使うほうが多いです。

たったこれだけのメイク直しで、ぐっと明るく撥剌とした顔に変わります。夜にパーティや会食があるときも、これをやっておけばＯＫ。

あと、目力アップのためにはアイラインを、１本さっと引けばいいので、便利。アイシャドウをあまり付けない方も、ぜひとも活用すべきです。

ファンデーションは、透明感や抜け感がある仕上がりにしたいので、カネボウのリサージを愛用しています。30代以上の方をターゲットにしていて、軽くて塗り心地もいいので気に入っています。価格も抑え目で、ドラッグストアなどで買える手軽さも嬉しいところ。

最近は、「ツヤ肌」といって、キラキラと光を反射するようなファンデーションも出ていて、こういったものを軽く塗るのもいいかもしれません。いろいろ試して、自分好みのものを見つけてください。

じつは私は、色が強すぎる口紅は苦手。仕事で夜は会食の場合が多いのですが、グラスなどに口紅の跡がべっとり付いてしまうのが嫌なのです。そういう席は、男の方もいますし、だらしなく見えてしまうので気をつけたいものです。

また、最近よく見かけるまつ毛のエクステンションやつけまつ毛。これは、ずっと良い状態で維持していられるならいいけれど、バサバサしたり、はがれたりすると、汚く不潔に見えてしまうので、働くシーンではおすすめできません。こういったメイクは、週末などに楽しんでほしいと思います。

また、メイクではないのですが、アイライン効果を発揮してくれる伊達メガネもおすすめ。調子が悪く、朝から疲れ顔だったときの救世主として活用できます。

しっかりアイメイクをしていなくても、メガネをかけるだけで、きりっと引き締まり、仕事ができそうに見せてくれます。

私も働くときに、伊達メガネをよくかけています。これ1本足すだけで、印象が簡単に変えられるというのも、一つの魅力。なによりも、仕事ができる女風に瞬間チェンジができてしまうところがポイントです。

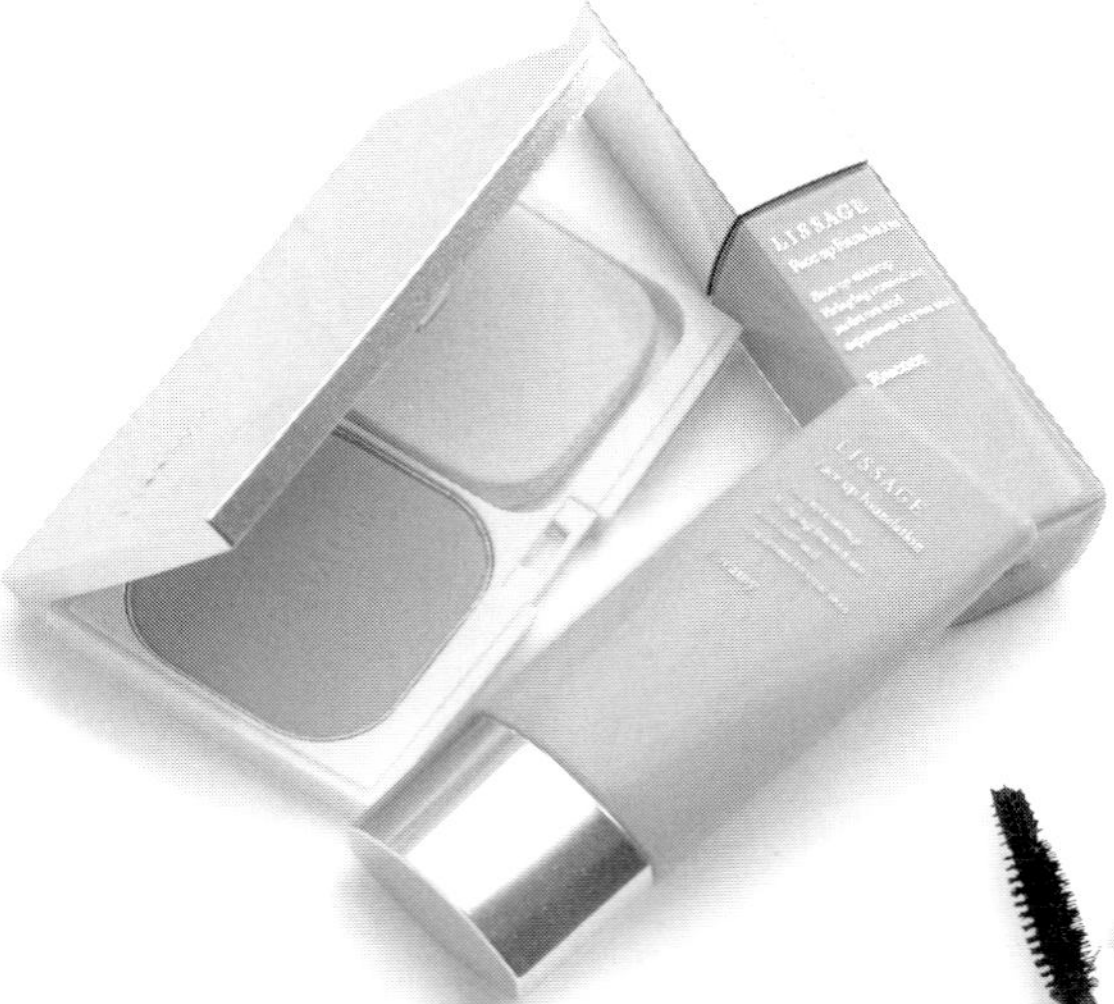

なめらかなのび、くすみやシミなどのカバー、ハリ感アップと、大人の肌に嬉しいリサージのファンデーション。ドラッグストアなどでも手に入る。「パウダーファンデーション」、「クリーミィファンデーション」、「エッセンスファンデーション」各5000円台

2種のハイブリットブラシでトリートメントしながら濃密なまつ毛を演出する、「クラランス マスカラ インスタント ディフィニシオン」約4000円

おすすめの香り

オンのシーンでの香水は、女らしいけれど変に甘すぎない、そんな香りだと、働くときのスタイリングとも繋がって素敵だと思います。

私の愛用の香水は、どれも軽く柔らかい香りばかり。働く場では、自分が好きというより、相手のことを考慮した香りであるべきだと思うからです。

お気に入りは、何種も組み合わせて、自分だけの香りを楽しむコンバイニングの考え方で話題のイギリスのジョー・マローン。限定品の「チェリーブロッサム」は、ハッピーな気持ちになり、勇気付けられるような気がします。「イングリッシュペアー&フリージア」は、シャツやスーツに合う、ちょっとクールな香り。

また、エストネーション第一号店をスタートさせたとき、一緒にボックス入りのフラワーアレンジメントを開発したフラワーアーティスト、ニコライ・バーグマンが手がけた香水もおすすめです。中でも「サハラ　ローズ」は、ナチュラルなバラの香りが素敵。

そして、パリの有名調香師たちが創造した香りを扱う、フレデリック・マル。ここの「リス メディテラネ」は、会食のときや白シャツを装ったときに。これは、リス（＝フランス語でユリ）の名の通り、まさにユリの花そのままの香りで、以前これをつけてタクシーに乗っていたとき、運転手さんに「良い香りの花束を持ってらっしゃいますね」と言われたことがあるぐらいです。

よく売っているメジャーな香水もいいですが、街中で同じ香りの人には、出会いたくないもの。私は、香りも個性的で自分らしくありたいと思っています。個人的には、フローラル系の香りが好きです。仕事をしていても、女性であることを意識させてくれるし、ふわっと香ると、さわやかな気分になります。やはり、お花の香りは女の人にとって武器。

香水を付けるときは、手首だけでなく、頭の上にシュッとして、そこをくぐるように付けるのが私流。香りというものは、毛髪に残りやすいので、長持ちさせる隠れた技です。私にとって香りのない生活は考えられないので、出張のときも必ず持って行くようにしています。自分はもちろん、周りの人もハッピーにしてくれる香りを身に纏うことは、働く大人の女性にとっては、ひとつのマナーだと思います。

ジョー・マローンのコロンは、いくつか重ねて付けることで、自分だけの香りを楽しめるところが魅力。丸の内の路面店のほか、百貨店などでも購入することができます。

フラワーアーティスト、ニコライ・バーグマンが手がけた、「サハラ ローズ」は、ボトルデザインもきれい。

著名な調香師による「リスメディテラネ(＝地中海の白ユリ)」。伊勢丹新宿店で予約待ちの人気アイテム。

Lesson 3

年代別コーディネート術

※掲載アイテムは2011年秋冬のアイテムですので、
時期によってはすでに販売していない商品もあります。

20代 基本コーディネート ジャケット＋パンツ

手頃＆身近なブランドのものでOK。デザインはスタンダードなものを選択。

Point!

若い世代がターゲットのリーズナブルなブランドのもので十分。清潔感のあるネイビーのジャケットにベージュのパンツでトラッド風にまとめると、好感度の高いスタイルに。

ビューティ＆ユースのジャケット（3万円台）、ユナイテッドアローズのパンツ（1万円台）、オブジェスタンダールのベーシックシャツ（1万円台）と約６万円以内で揃えることができます。

20代 基本コーディネート ジャケット＋スカート

Point!

オフホワイトのノーカラージャケットとスカートのセットアップで、ノーブルで清楚な着こなしに。シーンに応じてフェミニンなスカーフをあしらってもおしゃれです。

ユナイテッドアローズのジャケット（約3万円）、スカート（2万円以内）、タートルニット（1万円台）と、トータルで6万円ちょっと。高価な服を着なくても、エレガントなスタイルは可能です。

20代 基本コーディネート
ワンピース

Point!
万能な黒のワンピースも、20代なら少しAラインのデザインでやさしい表情に。仕事のときはジャケットを羽織り、会食の予定やアフター5には、ワンピース1枚で。ミニバッグやパールの小物があればいっそう華やかになります。

DKNYのワンピース（約4万円）、ジャケット（2万円台）、バッグとシューズ（各1万円以内）、コンチィーのパールネックレスと、トータルしても約8万円で収まるコーディネート。

20代 基本コーディネート バリエーション

Point!

1枚で様になる、切り替えのディテールがおしゃれなワンピース。20代は、清楚な印象のボックスプリーツタイプのデザインも似合うはず。

Point!

トラッドテイストのベージュの巻きスカートやネイビーの台形スカートは、定番のジャケットとも相性抜群。揃えておくと必ず使えます。

上／切り替えデザインのワンピースは、DKNYで約4万円。下／スカートはともにユナイテッドアローズでそれぞれ1万5000円ぐらいと、リーズナブルに手に入ります。

20代 基本コーディネート
バリエーション

Point!
20代はベーシックなシャツで問題なし。爽やかなストライプシャツやサックスブルーのオックスフォードシャツなどが合わせやすい。

Point!
きちんと感のある丸首のカーディガンやアンサンブルも、ジャケット代わりになってくれるので頼れるアイテム。色違いで揃えておくと便利。

上／ストライプシャツは1万円台、オックスフォードシャツは1万円以内。下／丸首カーディガンは約1万円。以上ビューティ&ユース。アンサンブルニットはユナイテッドアローズで2万円台。

30 代

基本コーディネート

ジャケット＋パンツ

上質の素材、少しこだわったデザインを。価格は妥協せず、いいものを吟味。

Point!

着心地がよくて、体のラインもきれいに見せてくれる、上質のジャケットとパンツをしっかりチョイスして。シャツはきれいなブルーなどを選ぶと、洗練度がアップします。

シンプルなジャケットとパンツのスーツは、エストネーションでも扱っているアキコ オガワのもの。スーツで10万円以内と、30代にはちょうどいいプライスです。ロエベのバッグで差し色効果を。

30代 基本コーディネート

ジャケット+スカート

Point!

大人の女性を美しく見せるシルエットのジャケットとスカートをセレクト。30代なら、これにニュアンスのあるシルクブラウスを合わせて、極上のフェミニンスタイルに仕上げて。

エストネーションの人気ブランド、ユマ エストのジャケットは、スカートとのセットアップで約10万円。上質レザーを使用したヴァレクストラのバッグでリッチ感も出して。

30代 基本コーディネート ワンピース

Point!

きちんと感と大人っぽい雰囲気を叶えるとろみのある素材のシャツワンピース。ツイードジャケットやコスチュームジュエリーを合わせれば、ポジションの上がった大人の働く女性としての品格を演出できます。

エデル フローレンのワンピース、エストネーションのジャケットは、それぞれ約6万円。グレー系パールのコスチュームジュエリーを足せば、パーティにも対応する華やかなスタイルに。

30代 基本コーディネート バリエーション

Point!

責任ある仕事が増える30代は、信頼感を与えてくれるジャケットを選んで。ベーシックから技ありデザインまで、何枚か揃えておきたい。

Point!

アクティブに働ける、穿き心地のいいパンツは何本あっても使えます。選ぶべきデザインは、センタープレスの美脚ストレートパンツ。

上／ジャケットは、右からディギッファ(6万円台)、デザインワークス(7万円台)、ユマ エスト(約9万円)。下／白のパンツはwb(2万円台)、ライトグレーはユマ エスト(約4万円)。

Point!

シャツは、素材やデザインなどにこだわった、質のいいものを選んで。大人の女性のためのブランドで、値段も3万〜5万円ぐらいは出したい。

Point!

30代なら、シンプルなタイトスカートはもちろん、大人の余裕を感じさせるマーメイドなど、少しクセのあるデザインのスカートなども揃えて。

上／右からバルバのクレリックシャツ（3万円台）、コンプレットのボウブラウス（3万円台）、ストラスブルゴの白シャツ（5万円台）。下／スカートは、右からデザインワークス（2万円台）、タジリッタのマーメイドタイプ（2万円台）、ユマ エストのタイトスカート（3万円台）。

40代以上 基本コーディネート ジャケット＋パンツ

クラス感があり体を美しく見せるものを厳選。それなりに高価なものも必要。

Point!

40代以上の女性なら、自分の体にぴったり合うオーダースーツを1着は仕立てておきたいもの。インナーは、シルクのボウブラウスなど繊細でソフトな素材のものでクラス感の演出とともに、丸みの出てきた体型もカバー。

ゼニアなどの有名メーカーの生地などが選べるストラスブルゴのセミオーダーは、ジャケットで8万円台から。艶やかなシルクブラウスはキートン（8万円台）、パンプスはコールハーン。

40代以上 基本コーディネート ジャケット＋スカート

Point!

ディテールに凝ったシルエットの美しいジャケットとスカートのスーツは、大人の体をきれいに見せてくれるうえに、品格も漂います。鮮やかなカラーのバッグやネックレスを投入すれば、ダークカラーのスーツもぐっと垢抜けた着こなしに。

立体裁断でボディにやさしくフィットするキートンのジャケット（30万円台）とスカート（15万円台）の組み合わせ。インナーはバグッタのシャツで上品にまとめて。ロエベの軽く柔らかい革のバッグやコンチィーのネックレスなどターコイズブルーを効かせればワンランク上のおしゃれに決まります。

40 代 以上 基本コーディネート ワンピース

Point!

40代以上は、個性的なワンピースに挑戦するのもおすすめ。シルク素材など、上質のものを選べば、あくまでもエレガント。ベルベットなど、ソリッドな素材のジャケットを合わせて、ラグジュアリー感も醸し出して。

ジャンバティスタ バリのパイソン柄のシルクワンピース（約25万円）。ポール・スチュアートのストレッチベルベットのジャケット、ロングパールネックレスなどを合わせれば、改まった席やパーティにも。

40 代 以上 基本コーディネート
バリエーション

Point!

カーディガン感覚で羽織れて、軽いので出張のときにも重宝する、上質ウールジャケット。個性的なパイソンスカートを合わせて、成熟した大人のおしゃれに。

Point!

40代は、ディテールや生地にこだわった上質スーツを何セットか用意しておきたい。金具使いやいい生地のものがあれば､品格が演出できます。

上／キートンのジャケット（40万円台）、wbのスカート（20万円台）。下／シャープな印象のノーカラージャケット（５万〜６万円台）とスカート（3万円台）はMOGA。ゼニアの生地を使用したグレーのピンストライプジャケット（13万円台）とパンツ（7万円台）はポール・スチュアート。

40代以上 基本コーディネート
バリエーション

Point!
素材、シルエットと細部にまで吟味された、シャツ専門のブランドの一品は極上の着心地。40代以上の女性なら、その贅沢さを知っておきたい。

Point!
極薄手のカシミアニットは、ジャケットのインナーなどに便利。ボーダー柄、Tシャツのようなデザインと、ほどよいリラックス感も魅力的。

上／シルクサテンの光沢がきれいなブラウスは、バグッタ。白シャツは、薄手で着やすいシャツブランドのフライ（約5万円）。下／マイーのカシミアニットは3万5000円ぐらい。

Lesson 4

一瞬で垢抜けるテクニック

これまで、働くときのおしゃれについて、アイテム選びや年代別のコーディネートなどについて話してきましたが、ここでは、ちょっとした工夫でおしゃれ度がアップするテクニックをご紹介したいと思います。

スーツ、カーディガン、チノパンツなど、普段よく着ているものも、「バランス」「抜け感」などのポイントを意識するだけで、一瞬にして見違えるほど素敵に変えることができるのです。

スーツ

働くときの基本スタイル、ジャケット＋シャツの着こなし。もちろん普通に着こなすだけでもかっちりした雰囲気がステキですが、女性なら、やはりスーツでもおしゃれ感が漂うようにしたいもの。ディテール

のアレンジや小物をプラスして、垢抜けた印象に仕上げましょう。

1 シャツの襟を出す

インナーのシャツの襟をジャケットの上に出して少し開くことで、首元に抜け感が生まれ、顔周りがぐっと明るくなり、フェミニンな雰囲気も漂います。ただ襟を出すだけのアレンジでイメージが一変します。

シャツの襟をジャケットの上に出すと、顔の周りに抜け感が出て、明るくなって溌剌とした着こなしに一変します。

2　袖先を折り返す

シャツの袖先をジャケットの上に出して折り返すと、アクティブな印象になります。こうすると、堅苦しくなく、スーツを自分らしく着こなしている感じに見せることができます。

3　ポケットチーフをのぞかせる

ジャケットの胸ポケットにきれいな色のポケットチーフを入れると、明るく元気な雰囲気になります。ポケットチーフというと、メンズの小物だと思っている人も多いようですが、これは女性もぜひとも使いこなすべき万能小物の一つ。

使い方も難しく考える必要はありません。ただポケットチーフを小さく折ってジャケットのポケットに入れるだけでいいのです。普通のサイズでしたら半分に折って、それを3分の1のサイズに折り畳むぐらいがちょうどいい大きさです。

こうして、襟、袖、そしてポケットチーフとアレンジを加えると、ダークなスーツスタイルに明るい色が全体に散って、色のバランスもよくなり、ぐっと垢抜けた印象になります。急に大切な予定が入ったときなどは、ポケットチーフの変わりに、駅のキオスクなどでも売っているコットンや麻の白いハンカチでも重宝します（1000円くらい）。

シャツの袖先を出して折り返すと活動的で明るく元気な感じになります。

明るい色のポケットチーフをのぞかせるだけでぐっと垢抜けた印象に。

4　パールネックレスをプラス

女性の王道アクセサリーと言えるロングパールネックレスをスーツに足すと、エレガント度をアップさせることができます。

一連で纏うと女らしいニュアンスが出て、さらに縦ラインをつくる抜け感の効果で、スマートな印象にも。

二連にして襟の下に少し垂らす感じであしらうと、少し優美な雰囲気になります。同じアクセサリーで印象が変えられるというのもロングパールネックレスの魅力です。

5　華やかな場には、コサージュを着けて

レセプション、パーティ、会食など、夜の予定があるときは、昼間着ていたスーツにコサージュをプラス。

花モチーフなどのフェミニンなデザインをプラスするだけで、たちまち華やぎを演出してくれます。

フラワーモチーフなどのコサージュを投入すれば、レセプションや会食にも対応。

襟元にパールネックレスをあしらって、エレガントな雰囲気を演出。

6　差し色アクセサリーを活用

ダークトーンのスーツを明るい印象に変えてくれる、差し色効果のあるアクセサリーは、本当に便利。たとえば私が愛用しているのは、ターコイズネックレス。グリーン系、ブルー系と、きれいな色が、スーツのスパイス役となってくれます。少しくだけた感じになり、柔らかさも表現できます。

ゴールドやシルバーロングなどのチェーンネックレスは、ゴージャス感も叶えてくれます。また、ちょっと大人っぽくしたいときは、黒のネックレスもおすすめ。引き締まった印象になり、働くスタイルとしてのきちんと感もありながら、おしゃれ感もある、クールな着こなしに仕上がります。

7　アスコットタイ風のスカーフ使い

スカーフは、出張のときなどにも荷物にならず、いろいろとアレンジができるので本当に便利。ここで紹介するのは、女性らしい華やかさが加わり、コーディネートの幅が広がるテクニックなので、ぜひお試しください。

スカーフの色は、シャツやスーツの色の邪魔にならず、しっくりくるブルー系、グ

ターコイズなどのネックスレスを足して、洗練度をアップ。

アスコットタイ風にスカーフをあしらえば、知的で女らしい印象に。

レー系、黒系を選べば失敗がありません。

まずひとつ目のテクニックは、簡単に折り畳んでアスコットタイ風にする方法です。ほんの少し顔周りに色が足されて華やかさがアップするうえに、クラシックなスタイリングとなり、知的な印象を一瞬にしてつくることができます。

次は、スカーフを首元に結んでみます。片結びで構いません。そしてその結び目を首の横に持っていき、その両端を花びらのように広げてください。大きなお花が2輪首の周りに咲いたようになります。スーツスタイルがゴージャスになるので、仕事でのディナーの席や急なレセプションなどにも自信を持って出席できるはずです。

8　伊達メガネで疲れ顔をカバー

ハードなスケジュールや出張で顔に元気がないときは、伊達メガネをかけて顔をさりげなくカバーするという手もあります。疲れが出やすい目元にメガネでアイラインのようにくっきりさせることができて、さらに、できる女風にもなりますので、一石二鳥です。

伊達メガネによるくっきりとした縁取りで、疲れ顔を簡単にカバー。

スカーフを首の横に花びらのように結べば、華やかな場にもマッチ。

丸首カーディガン

「ジャケットは堅苦しくて嫌」という人におすすめなのが、丸首カーディガン。たいていアンサンブルで着る以外はTシャツやカットソーと合わせてシンプルに着ていることが多いかと思います。でも、それだけでは実にもったいないと言えます。なぜなら丸首カーディガンは、一枚あれば多彩な着方ができる、マルチアイテムだからです。

もちろんごく当たり前にTシャツにカーディガンを着ても問題ありません。ただ、私の場合は、全身のバランスや抜け感を考えて、丈や襟元にちょっとしたアレンジを加えます。これだけで、ごくプレーンな丸首カーディガンも、見違えるほど垢抜けた着こなしが可能となるのです。

1　裾を結ぶ

カーディガンの一番いいところは、裾を結んで長さを調節できること。ただそのまま着るのではなく、裾を結んで丈を短くすると、バランスがアップして、ウエストマークもできるので、スタイルもよく見えます。

これは、簡単に結んだりほどいたりできるニット素材のカーディガンならではのテクニックとも言えます。

カーディガンの裾を結んで短くすることで、全身のバランスをアップ。

2 V開きにする

裾を結んだ状態でも、そのままの状態でも結構ですが、前立ての部分を内側に折り込んでいって、丸首をV開きにしてしまうというのもイチ押しの技。Vゾーンができることによってすっきりした印象になり、着やせ効果もあります。V開きの深さや幅は、身長によってアレンジすると、よりスタイルアップがはかれます。これも、ニット素材だからこそできるテクニックと言えます。

丸首カーディガンの前立てを内側に折ることで、シャープなVラインを演出。

3　袖を七～八分丈にチェンジ

カーディガンの袖先を内側に折り込んで、七～八分丈にします。すると、女性らしい華奢《きゃしゃ》な手首が強調されてきれいですし、肌がのぞくことで抜け感が出て、全身のバランスもよくなります。

また、袖先を外側に折るというのはよく見かけますが、内側に折るとすっきりした感じになるのもポイント。ちょっとおしゃれ上級者に見えるテクニックと言えます。

袖を内側に折り七～八分丈にすると、華奢な手首がのぞき、抜け感が出き、女らしさがアップ。

チノパンツ

最近はカジュアルなスタイルでもＯＫという会社も増えているようで、チノパンツやカーゴパンツなどを会社に着ていく人も多いようです。

カーゴパンツはポケットも多く、かなりラフな印象になりますが、チノパンツなら、シルエットのきれいなものを選びさえすれば、働くシーンでも十分通用するアイテムだと思います。

ただし、チノパンツなどのカジュアルなパンツの場合は、トップスはシャツを選んで清潔感を感じさせるようにしたいものです。

そのシャツは、しっかりとインにして、ベルトでウエストをマークすると、よりきちんと感がアップします。この着こなし方はベルトがアクセントとなり、スタイルアップも期待できます。

そして最も気をつけたいのは、足元。ただのラフな格好になるか、オンの着こなしになるかを分けるのは、パンツと靴とのバランスが鍵になります。

パンツの裾丈に注意して、好バランスを見極めることができれば、働くシーンでのチノパンツのカッコいい着こなしが成功するはずです。

1　チノパンツ＋パンプスの丈バランス

働くときに最適なパンプスは、動きやすくてスタイルアップもできる5～7センチぐらいのヒール高。

そんなパンプスをチノパンツに合わせたときの丈は、どうするべきか？

パンツをそのままフルレングスで穿くと、やや裾の部分がもたついた感じになって、全身のバランスも重い感じになってしまいます。

かといってクロップト丈のように短い丈にすると、カジュアルすぎてしまいます。ですので、パンツの裾を少しだけロールアップしていきます。

これは、全身鏡を見ながら、自分にぴったりの丈を見極めることが肝心ですが、ちょうどいい丈は、くるぶしから12～15センチのところ。女性ならではの細くきれいな部分である華奢なくるぶしがのぞくので、抜け感もバランス感も絶妙です。

これならチノパンツでもエレガントなオンのスタイルにすることが可能です。

チノパンツ＋パンプスは、くるぶしから12〜15センチに
裾をロールアップして脚長効果とバランスアップを。

2　チノパンツ＋スニーカーの丈バランス

このところ人気のバレリーナシューズやスニーカーなどのフラットな靴を履いて仕事をしている人も多いかと思います。

こういったフラットな靴をチノパンツに合わせる場合は、さらに丈バランスには注意が必要です。

フラットシューズのときに、パンプスと合わせたときと同じパンツ丈にすると、バランスが下に落ちがちなので、少し重い印象になってしまいます。

チノパンツの丈は、パンプスに合わせた丈よりもう一折りして、視線が上に来るようにしましょう。

視線を上げるために、裾はさらにロールアップしてスタイルアップを。

スニーカーを合わせると、靴の高さがないので、重心が下がってしまいます。

そうすると、肌の露出が増え、少しアクティブな印象を与えることもできます。このときも、全身鏡でしっかりチェックしながらパンツ丈を決めていくことが大事です。

このように、毎朝、服を着るときは、必ず全身鏡でしっかりチェック。さらにくるりと回って360度すべてがきれいに見えるように確かめてください。着こなしのテクニックはもちろんですが、そんな訓練の積み重ねが、おしゃれ上手になる秘訣となるのです。

そんな一目瞭然のアレンジテクニックは、どれも時間がかからず、とっても簡単なので、ぜひとも毎日の着こなしの参考にしてください。

なお、「Lesson 4 一瞬で垢抜けるテクニック」は、私のホームページ「midroom」(http://www.midroom.com/)にて、動画でもご覧いただけます。

エピローグ

明日からまた楽しく、おしゃれに働きましょう

この本を手にとっていただいたみなさん、本当にありがとうございました。

ファッションの世界で働き出してから、30年以上経ちました。もっと輝きたいと願う女性たちのおしゃれの悩みに寄り添いながら、忙しくも、やりがいのある時間が流れ、今もそれは続いています。

私自身も、おしゃれに悩んだ時期があるからこそ、今があります。おしゃれがあったからこそ、今の「なりたかった自分」があると思っています。

仕事で出会う女性たちのおしゃれの悩みを聞いたりアドバイスしている中で私は、「毎日のおしゃれを考えるときの参考になるような、そんな本がつくれたらいいな」と、この数年、ずっと考えていました。

「働くときに、おしゃれしないでいつするの？」

この自分への問いかけは、私自身、何歳になっても忘れてはいけないと、つねに思っ

ています。みなさんにも、その答えとヒントを、この本の中から、一つでも見つけていただくことができたら嬉しいな……、なんて思っています。

最後に、本書のポイントをまとめます。

1　自分のベーシックスタイルを探す

コンサバ（シンプル）なものを自分らしく装っている人こそが、じつはすごく素敵な人。ベーシックというのはまさにそれ。おしゃれの真髄。自分の働き方や、これからのなりたい自分をイメージして、シンプルで着心地の良い、ベーシックなものを探すことから始めましょう。

2　年齢、ポジション、役割、誰に会うか、を把握する

スタイリングは、この4つを心がけましょう。独りよがりや、身の丈に合っていな

いスタイリングは、仕事の場では恥ずかしいもの。いくら仕事ができても、仕事ができないという印象を与えかねません。それはもったいないことです。

3　年代でステップアップさせる

働くときのファッションは、あなたの年代に合った適正価格、ブランド、スタイリングを探すこと。さらに年齢による体型の変化にも見合う洋服を着るべき。そのことは、周りの人とのスムーズなコミュニケーションにつながり、自分自身のやる気アップにもつながります。

4　スカートと靴の黄金ルールを知っておく

膝が半分隠れる丈（約55センチ丈）のスカートと、5〜7センチヒールの靴との組み合わせは、好印象を与え、美脚に見せることができます。この黄金ルールを知っておけば、一瞬で良いスタイルに見せることができます。同時に膝のお手入れも忘れずに。

5　香水を身に纏う

女らしいけど変に甘すぎない。自分はもちろん、周りの人もハッピーにしてくれる香りを身に纏うことは、働く大人の女性にとってはひとつのマナー。仕事のときでも、自分の香りを楽しんで。

6　元気メイクを知っておく

夕方や、夜の会食の前、「あ、顔に元気がなくなったな」というとき、メイクの手直しとして使うのは、ファンデーションや口紅ではなく、マスカラ、ビューラー、チークの3点だけ。一瞬で元気で清潔感のある顔になり、気分も上がって、仕事を乗り切ることができるでしょう。ささっとスピーディに、簡単にできることが一番。

7　自分に合ったヘアスタイルや長さを見極める

コーディネートがしっくりこないとき、今のヘアスタイルのバランスに問題がある場合もあります。全身が映る鏡に姿を映し、自分にぴったりのヘアスタイルや長さを見極めることが大事。あなたにとってのベストが見つかれば、今まで似合わないと思っていた洋服も、着られるようになるものです。

8　仕事のときこそ、垢抜けるスタイリングを心がける

働くときこそ、垢抜けるスタイリングを心がけて。それが好印象に繋がるのだから。毎日あきらめず、鏡の前で練習すれば、きっと自分にとってのベストな垢抜けテクニックを見つけられるはず。おしゃれを身に付けるためには、そんな日々の努力が重要なのです。

9　ファッションは、夢を叶えるツールと心得る

「ファッションは、なりたい自分になれる一番の近道」。なりたい自分を意識して、人生に見合ったおしゃれを見つけていきましょう。ファッションは、働く女性にとって、夢を叶えるツールのひとつ。思いっきり楽しんでみましょう。

いかがでしたでしょうか？

明日から、また毎日楽しく、おしゃれに働くことができそうですか？

背筋を伸ばして、前を向いて歩いて行くことができそうですか？

じつは、この本のはじめての打ち合わせは、なんとあの２０１１年3月11日14時からスタートし、その最中に地震がきました。その瞬間を今でも思い出します。あの日を境に、働くことの意味、生き方、人との接し方など、大きく変わったと感じる方は多いのではないでしょうか。

一人ひとりが、いろいろな面で考えさせられることの多いそんな年に、このような本を書く機会を与えてくださった講談社学芸図書出版部の依田則子さん、ライターの岡村明子さん、本当にありがとうございました。そして、いつも私と一緒に楽しくおしゃれに仕事をしてくれているOens（おーえんす）の遠藤さくらさん、大脇香菜さん、また、今回も私の大変な撮影を助けてくれた、スタイリストの小出エリさん、ヘアメイクの井上邦夫さん、ヨシオさん、源ひろみさん、そしてカメラマンの大坪尚人さんと、たくさんの素敵な仲間に心より感謝します。

私もみなさんに負けないように、これからもおしゃれをして、楽しく働いていくことをここに宣言して、ペンを擱《お》きます。

みなさん一人ひとりの悩みや、ファッションに対するアドバイスも、これからもどんどんしていければいいなと思っていますし、そんな機会もつくりたいとも思っていますので、お目にかかれる日を楽しみにしています。

２０１１年９月　髙橋　みどり

Index

（五十音順）

所在地		エリアマップ	マップNo.
〒104-8212	東京都中央区銀座4-6-16 銀座三越6F	銀座	1
〒107-0052	東京都港区赤坂9-7-4 東京ミッドタウン ガレリア2F	六本木	2
〒107-0061	東京都港区北青山3-11-7 Ao1F	表参道・原宿・渋谷	3
〒107-0062	東京都港区南青山6-4-14 イノックス青山1F	表参道・原宿・渋谷	4
〒106-0032	東京都港区六本木6-10-2 六本木ヒルズ ヒルサイド けやき坂コンプレックス1F・2F	六本木	5
〒107-0062	東京都港区南青山4-21-26	表参道・原宿・渋谷	6
〒107-0062	東京都港区南青山6-8-18 DATATAビル1F	表参道・原宿・渋谷	7
〒106-0032	東京都港区六本木6-12-2 六本木ヒルズけやき坂通り	六本木	5
〒107-0052	東京都港区赤坂9-7-4 東京ミッドタウンガレリア1F	六本木	2
問い合わせ先へお尋ねください		―	―
http://www.balata.jp/（オンラインショップ）		―	―
〒107-0062	東京都港区南青山3-18-1	表参道・原宿・渋谷	8
http://www.balata.jp/（オンラインショップ）		―	―
〒107-0062	東京都港区南青山3-18-1	表参道・原宿・渋谷	8
〒107-0062	東京都港区南青山4-21-26	表参道・原宿・渋谷	6
〒150-8330	東京都渋谷区宇田川町21-1 西武渋谷Ａ館6F	表参道・原宿・渋谷	9
〒107-0062	東京都港区南青山6-4-14　イノックス青山1F	表参道・原宿・渋谷	4
〒150-0001	東京都渋谷区神宮前5-17-4 神宮前トーラス	表参道・原宿・渋谷	10
〒107-0062	東京都港区南青山4-21-26	表参道・原宿・渋谷	6

※この本の趣旨は、ベーシックな服を楽しんでいただくことにあります。掲載された商品は、年代やベーシックを表現するためにセレクトされた商品であり、参考として構成されています。商品は一部をのぞき、取り扱いのないものもあります。店舗やブランドの情報、商品に記載のあるものは、2011年9月現在のものであり、変更される場合もあることを、ご了承ください。

●ショップ

ブランド名	問い合わせ先	ショップ名
ヴァレクストラ	03-3562-1111	ヴァレクストラ 銀座三越店
ウォルフォード	03-3497-5052	ウォルフォード 東京ミッドタウン店
ecco	03-3797-4192	ecco 青山Ao店
エス オー エス オルザスタジオ	03-5774-0933	ラ ペコラ ネラ
エストネーション	03-5159-7800	エストネーション 六本木ヒルズ店
エデル フローレン	03-5772-1115	デザインワークス コンセプトストア 青山店
オブジェスタンダール	03-6805-0511	オブジェスタンダール ティペ
キートン	0120-838-065	キートン六本木ヒルズ店
クルチアーニ	0120-383-651	クルチアーニ 東京ミッドタウン店
コール ハーン	0120-56-0979	百貨店ほか
コンチィー	03-3408-2264	Balata concierge ONLINE SHOP
ジャンバティスタ ヴァリ	0120-383-653	ストラスブルゴ 南青山店
シュム	03-3408-2264	Balata concierge ONLINE SHOP
ストラスブルゴ	0120-383-653	ストラスブルゴ 南青山店
ダジリータ	03-5772-1115	デザインワークス コンセプトストア 青山店
wb	03-5728-7087	wb 西武渋谷店
ディギッファ	03-5774-0933	ラ ペコラ ネラ
DKNY	03-6418-8185	DKNY キャットストリート店
デザインワークス	03-5772-1115	デザインワークス コンセプトストア 青山店

[redacted]

所在地	エリアマップ	マップNo.
〒104-0061　東京都中央区銀座8-8-9	銀座	11
問い合わせ先へお尋ねください	ー	ー
問い合わせ先へお尋ねください	ー	ー
〒150-0001　東京都渋谷区神宮前5-17-9 1F	表参道・原宿・渋谷	12
〒106-0032　東京都港区六本木6-10-1 六本木ヒルズ ウエストウォーク4F	六本木	5
〒107-0062　東京都港区南青山3-18-1	表参道・原宿・渋谷	8
〒107-0062　東京都港区南青山6-4-14	表参道・原宿・渋谷	4
〒107-0062　東京都港区南青山6-4-14　イノックス青山1F	表参道・原宿・渋谷	4
問い合わせ先へお尋ねください	ー	ー
〒160-0022　東京都新宿区新宿3-14-1	新宿	13
〒107-0062　東京都港区南青山6-8-18 DATATAビル1F	表参道・原宿・渋谷	7
〒150-8330　東京都渋谷区宇田川町21-1 西武渋谷A館5F	表参道・原宿・渋谷	9
〒150-0001　東京都渋谷区神宮前2-31-12 B1F-1F	表参道・原宿・渋谷	14
〒107-0061　東京都港区北青山3-5-29 ONE表参道	表参道・原宿・渋谷	15

[redacted]

所在地	エリアマップ	マップNo.
〒106-0032　東京都港区六本木6-12-2 六本木ヒルズけやき坂通り	六本木	5
〒107-0062　東京都港区南青山3-18-1	表参道・原宿・渋谷	8
〒104-0061　東京都中央区銀座3-4-1	銀座	16
〒150-0001　東京都渋谷区神宮前5-7-20	表参道・原宿・渋谷	17

[redacted]

所在地	エリアマップ	マップNo.
百貨店ほか	ー	ー
〒104-0061　東京都中央区銀座2-3-6 銀座並木通りビル4F	銀座	18
〒152-0035　東京都目黒区自由が丘2-15-11	自由が丘	19
〒107-0061　東京都港区北青山3-12-13 HOLON-L 2F	表参道・原宿・渋谷	20
百貨店またはドラッグストアほか	ー	ー
〒106-0047　東京都港区南麻布4-1-29 広尾ガーデン4F	広尾	21

●ショップ

ブランド名	問い合わせ先	ショップ名
バーバリー	03-5537-6160	バーバリー　銀座店
バグッタ	03-5464-0058	トレメッツォ
PTOW	03-5464-0058	トレメッツォ
ビューティー&ユース	03-5468-3916	ビューティー&ユース ユナイテッドアローズ 渋谷キャットストリートウィメンズストア
femozione	03-5770-6911	Calzalone 六本木店
フライ	0120-383-653	ストラスブルゴ 南青山店
ブルネロ クチネリ	03-5467-5155	ブルネロ クチネリ 青山店
ブレビ ノアール	03-5774-0933	ラ ペコラ ネラ
ポール・スチュアート	0120-340-460	SANYO SHOKAI (C.R.室)
mai	03-6858-5676	伊勢丹新宿店3F プライムガーデン
MADAMA	03-6805-0511	オブジェスタンダール ティペ
MOGA	03-3476-0008	MOGA 西武渋谷店
ユナイテッドアローズ	03-3479-8176	ユナイテッドアローズ 原宿本店 ウィメンズ館
ロエベ	03-5771-4811	ロエベ　表参道店

●オーダースーツ

ブランド名	問い合わせ先	ショップ名
キートン	0120-838-065	キートン六本木ヒルズ店
ストラスブルゴ	0120-383-653	ストラスブルゴ 南青山店
ポール・スチュアート	03-3564-5261	ポール・スチュアート 銀座店
ポール・スチュアート	03-3406-8121	ポール・スチュアート 青山店

●ビューティー

ブランド・ショップ名	問い合わせ先
クラランス	03-3470-8545
タアコバ銀座本店	03-5159-1626
doux dimanche（ドゥー・ディマンシュ）	03-3723-2248
Purana（プラーナ）	0120-62-0112
リサージ	0120-417-134
ロングルアージュ	03-3440-5433

Area map

エリアマップ

Omotesando
Harajuku
Shibuya
表参道・原宿・渋谷

Area map

エリアマップ

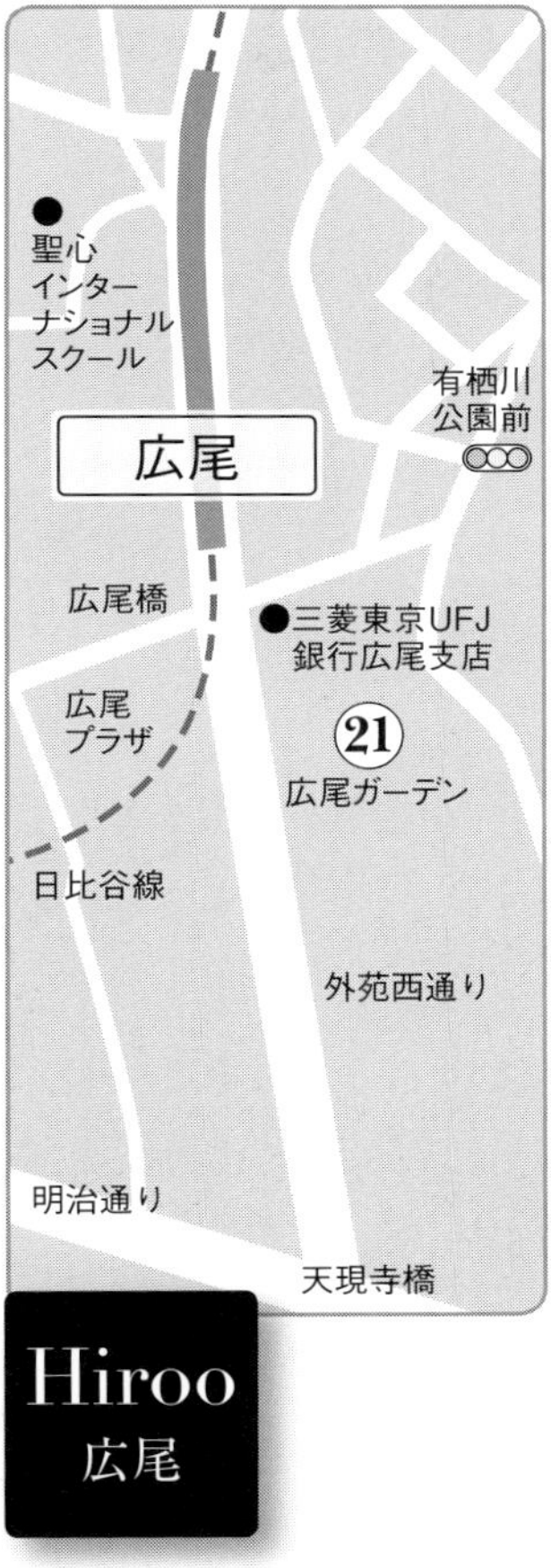

Hiroo
広尾

Roppongi
六本木

Area map

エリアマップ

Shinjuku
新宿

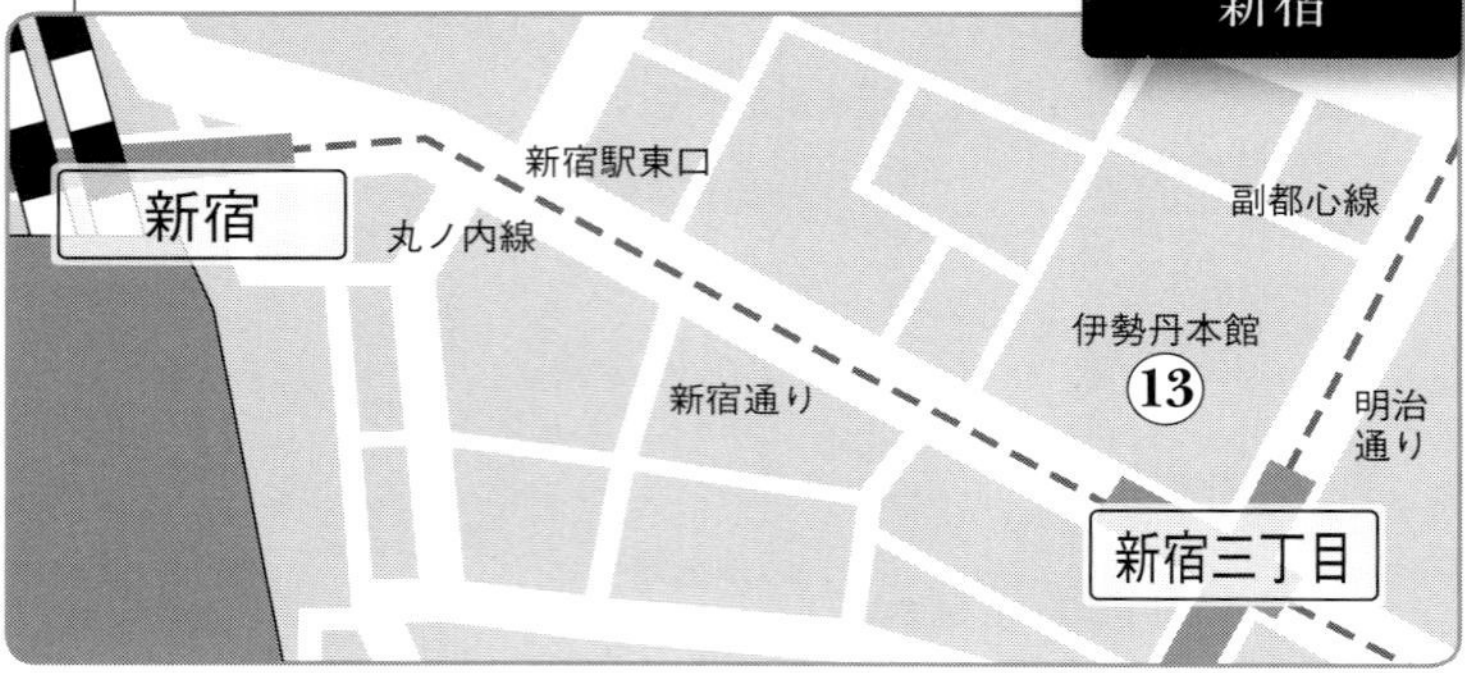

Jiyugaoka
自由が丘

髙橋みどり（たかはし・みどり）
イメージング・ディレクター。2000年、働く大人のスペシャリティストア「エストネーション」を立ち上げ、働く女性におけるベーシック・ファッションの礎をつくる。現在、さまざまなメディアで活躍中。誌面で紹介されるコーディネートはつねに「真似したくなる知的スタイル」と、多くの読者から支持されている。1956年生まれ。20～40代は「メルローズ」、「バーニーズ ニューヨーク」の日本進出や、「ジョルジオ アルマーニ」でも活躍。2005年6月独立、株式会社Oens（オーエンス）を設立。人、企業、ブランドを応援したいという思いから、ブランドのPR、マーケティング、ブランディング、商品・店舗プロデュースだけでなく、原稿執筆、セミナー講師等活躍の幅を広げている。
◎セミナー情報や各種ご相談についてはサイトをご参照ください。
http://www.midroom.com/

「Lesson4 一瞬で垢抜けるテクニック」のより詳しい情報は、
動画でもご覧いただけます。http://www.midroom.com/

Staff

装丁　三木俊一
本文レイアウト　きよさわあつし
企画協力　岡村明子、遠藤さくら、大脇香菜
スタイリング協力　小出エリ
ヘア＆メイク　井上邦夫、ヨシオ、源ひろみ
撮影　大坪尚人
編集　依田則子

働《はたら》く女性《じょせい》のワードローブ　おしゃれの教《きょう》科《か》書《しょ》
2011年 9月12日　第1刷発行
2011年11月24日　第3刷発行

著　者　髙橋《たかはし》みどり
発行者　鈴木 哲
発行所　株式会社講談社
〒112-8001 東京都文京区音羽二丁目12-21
電話　出版部　03-5395-3522
販売部　03-5395-3622
業務部　03-5395-3615

印刷所　慶昌堂印刷株式会社
製本所　株式会社国宝社

ISBN978-4-06-217147-2 N.D.C.335 198p 19cm